AF856734

CONSTELACIONES FAMILIARES

Para ordenar, comprender y sanar tu propia historia

CONSTELACIONES FAMILIARES

Para ordenar, comprender y sanar tu propia historia

Sara Gloria Levita

Con prólogo de Tiiu Bolzmann

B

Levita, Sara Gloria
Constelaciones familiares / Sara Gloria Levita. – Ciudad Autónoma de Buenos Aires : Ediciones B, 2024.
224 p. ; 23 x 15 cm.

ISBN 978-987-627-485-2

1. Psicología. I. Título.
CDD 150

Penguin Random House Grupo Editorial

Primera edición: octubre de 2014

© 2014, Sara Gloria Levita
© De esta edición, Penguin Random House
como continuadora de Ediciones B Argentina S.A., 2014
Diseño de tapa e interior: Donagh | Matulich

© 2019, Penguin Random House Grupo Editorial, S.A.
Humberto I 555, Buenos Aires
penguinlibros.com

Penguin Random House Grupo Editorial apoya la protección del *copyright*.
El *copyright* estimula la creatividad, defiende la diversidad en el ámbito de las ideas y el conocimiento, promueve la libre expresión y favorece una cultura viva. Gracias por comprar una edición autorizada de este libro y por respetar las leyes del *copyright* al no reproducir, escanear ni distribuir ninguna parte de esta obra por ningún medio sin permiso. Al hacerlo está respaldando a los autores y permitiendo que PRHGE continúe publicando libros para todos los lectores.

Printed in Argentina – Impreso en la Argentina

ISBN: 978-987-627-485-2

Queda hecho el depósito que previene la ley 11.723.

Esta edición se terminó de imprimir en DP Argentina S.A.,
Haendel, lote 3, Parque industrial Garín, Buenos Aires, en el mes de Julio de 2026.

"La Gratitud es el reconocimiento de que alguien nos ha hecho un bien. ¿Y cuál es el mayor de los bienes que hemos recibido? La Vida. La vida nos es dada a través de nuestros padres. Es algo más grande que ellos mismos, es un regalo que a su vez recibieron de sus padres y que en algún momento transmitiremos a los propios hijos o a proyectos creativos. Tomando a nuestros padres, tomamos la vida."

Bert Hellinger

A mi madre y mi padre,
por el regalo más grande que me han dado,
la Vida, y por todo el amor.
A mi hija, por recordarme que el amor
del corazón humano no tiene límites
y por su existencia.

Agradezco a mi Maestro, por Su Amor y por Su Gracia.

A Bert Hellinger, por su inspiración y revelación.

A Tiiu Bolzmann, por su amor, por su fuerza y por su generosidad.

A mis maestros, por darme lo mejor de ellos a través de sus enseñanzas.

A mis pacientes y participantes, por permitirme acompañarlos en ese lugar tan sagrado que es el alma y aprender juntos acerca del misterio de la vida.

A mi hermana, por estar siempre a mi lado.

A mis hermanos del camino, por compartir esta maravillosa peregrinación al ser.

Y a quienes a lo largo de la vida me permitieron, a través de las experiencias compartidas, andar el camino hacia el interior.

Índice

Prólogo

En diferentes formas, el ser humano está buscando cómo encontrarse, cómo completarse, cómo ser sí mismo, vivir plenamente, avanzar en su vida y cómo relacionarse amorosamente con las personas de su entorno.

Hay muchas propuestas universales para lograr este objetivo y una de ellas es la maravillosa filosofía de la vida con las leyes universales según Bert Hellinger.

Con la sencillez de esta filosofía, Sara Levita relata en este libro su experiencia como facilitadora de Constelaciones Familiares. Es un libro práctico y vivencial, que acerca al lector a mirar más ampliamente a los acontecimientos en las relaciones familiares.

La contribución de Bert Hellinger está basada en sus observaciones sobre las relaciones entre los seres humanos, con las cuales desarrolla los Órdenes del Amor, una guía que muestra cómo relacionarse adecuadamente para que el amor entre todos los miembros de la familia pueda fluir. Es una orientación y una invitación de ver la vida de otra manera, más que una obligación de cómo comportarse. En este sentido los Órdenes del Amor son como una llave que se pone en nuestras manos para abrir una puerta a la cual la persona entra libremente a encontrar, a reconocer lo que es, y tomar su lugar que le corresponde.

Sara Levita revisa a su modo la teoría sobre la vinculación y contribuye con la descripción de los casos a la mayor indagación de este concepto. También aporta una versión interesante sobre el campo, cómo se crea y qué fuerzas están actuando en él. Estos temas están en permanente desarrollo y en el mundo científico y espiritual se encuentran diferentes acercamientos, sin que uno de ellos haya llegado a encontrar "la verdad".

Este libro está lleno de vida y Sara lleva a la práctica lo que ha recibido desde el enfoque de Bert Hellinger. De una manera detallada introduce los casos, llamando la atención del lector, enfrentándolo con problemas conocidos. Luego describe el procedimiento de la Constelación y finalmente resume el trabajo, entrelazando la teoría necesaria y cerrando con los testimonios de los consultantes. De esta manera está generando unas secuencias didácticas de su experiencia.

Es una reflexión amorosa y compasiva que es propia al trabajo de Sara, que ayuda al lector a entender cómo puede estar enredado en las relaciones familiares, cómo puede salir de las implicaciones, para luego dirigir su atención a su propia esencia y contribuir a relaciones logradas en su entorno.

Tiiu Bolzmann

Las Constelaciones Familiares permiten recorrer un camino hacia el sí mismo en dimensiones y en un nivel de conciencia donde el alma personal y familiar se manifiestan.

Se trata de un abordaje al servicio de la sanación y no solo de la curación. Y esto ocurre solamente cuando se trabaja en el plano del alma, o cuando el mismísimo Espíritu interviene.

Es la puerta de entrada a un mundo que uno sabe cómo empieza y donde el límite es el Cielo en nuestro interior. Permite, como posibilidad, trascender el nivel del yo y retornar a la Fuente, recuperando esa conciencia donde lo único real es el Amor.

Y precisamente de eso se tratan las Constelaciones Familiares: de plasmar los conocimientos universales para que el orden se recupere en nuestras vidas y el amor vuelva a fluir en todas sus formas.

Lic. Sara Gloria Levita

Primera parte

INTRODUCCIÓN

La herencia invisible

Desde el comienzo de la historia, el ser humano ha sufrido y padecido: somos herederos de siglos de guerras, revoluciones y genocidios que marcaron la vida de nuestros antepasados y trajeron aparejados angustias, amores interrumpidos, exclusiones, violencia, deslealtades, traiciones, abandonos, desencuentros, migraciones y pérdidas.

Así como cada persona llega al mundo con un ADN —una información genética heredada que determina sus rasgos, el color de su piel y ojos, la estatura, los dones o los talentos, e incluso la predisposición a ciertas enfermedades—; de la misma manera, cada persona trae consigo una información heredada en el plano del alma. Aunque no lo sepamos a un nivel consciente, porque en las guerras las familias se desmembraron y los relatos se perdieron —o se reconstruyeron para poder sobrevivir al dolor—, lo que vivieron nuestros antepasados está registrado en nosotros y nos acompaña desde que nacemos. Traspasada de generación en generación, esa herencia tiene el poder de condicionarnos, mucho más de lo que creemos posible, tanto en las acciones mínimas e insignificante de nuestra vida cotidiana como en las decisiones más trascendentes.

Son como hilos invisibles que nos atan a destinos y experiencias que no nos corresponden. ¿Por qué tenemos dificultades específicas que se repiten? ¿Cuántas veces sentimos miedos o tristezas aun teniendo vidas estables y llenas de amor? ¿A qué se debe esa sensación de no poder encontrar nuestro lugar? ¿Por qué nos involucramos en relaciones sufridas o conflictivas? ¿De dónde vienen la inconstancia y los altibajos en nuestra manera de relacionarnos con las cosas y las personas? ¿Por qué hay síntomas o problemas similares en distintas generaciones de una misma familia?

Porque, más allá de nuestra vida personal, con sus éxitos y sus fracasos, sus obstáculos y sus aciertos, pertenecemos a un sistema. Somos solo una parte de un todo mayor.

Bert Hellinger y la "ciencia de las relaciones humanas"

No se puede empezar a hablar de las Constelaciones Familiares sin hablar de quién es Bert Hellinger.

Nacido en Alemania en 1925 en el seno de una familia católica, a los 5 años manifestó su decisión de ser sacerdote y a los 10 fue enviado como pupilo a un internado de la Orden Mariannhill. Allí estuvo hasta los 16, cuando el colegio cerró y no tuvo más opción que regresar a su casa.

No eran tiempos fáciles en Alemania para ser un varón joven: con Adolf Hitler en el poder y Europa sumergida en la Segunda Guerra Mundial, apenas terminó el secundario en 1942 las tropas nazis quisieron reclutarlo y él se negó, por lo que fue considerado "sospechoso de ser enemigo del Pueblo".

Poco después no pudo decir que no al llamado para formar parte del Ejército regular alemán y fue enviado al frente de batalla. Más tarde, capturado por los aliados, estuvo en un campo de prisioneros en Bélgica. Apenas fue liberado, en 1945, ingresó como novicio en la misma Orden en la que había sido pupilo. La experiencia de la guerra había fortalecido su vocación religiosa; no solo por lo vivido por él, sino porque además se había llevado la vida de su hermano.

En el noviciado comenzó su vida espiritual adulta: el aprendizaje de Teología, pedagogía y Filosofía en la Universidad de

Würzburgy la práctica pastoral católica se sumaron a su búsqueda individual en lecturas de mística occidental, filosofías orientales y ejercicios de meditación.

Ese camino tomó verdadera profundidad uno años después, cuando fue enviado a Sudáfrica como misionero. Abocado a la fundación de escuelas y el trabajo de la tierra —dos tareas fundamentales en la Orden Mariannhill— entre los zulúes, continuó formándose como docente en las universidades de Pietermaritzburg y de Sudáfrica, con lo que sumó a sus tareas sociales la enseñanza en escuelas públicas secundarias y la capacitación a docentes. Aprendió zulú como su propia lengua y llegó a ser el responsable de un colegio de élite para aborígenes. Pero lo que más modificó su ser y despertó en él el interés por lo "fenomenológico" fue su conocimiento de la cultura de los pueblos originarios africanos así como su participación en los rituales.

También enseñó religión, ya que tenía un interés genuino por la Teología, pero su estilo no era exactamente el que la Iglesia Católica esperaba y, cuando le demandaron modificarlo, renunció a todos sus cargos y volvió a Alemania.

En total, pasó 16 años en Sudáfrica. Los más intensos y trascendentes de su vida en cuanto a desarrollo espiritual. En ese tiempo empezó a sembrar lo que muchos años después el mundo empezó a recoger como frutos.

De regreso a su tierra natal, fue nombrado rector del seminario de sacerdotes. En ese tiempo, conoció la dinámica de trabajo en grupo e inició la formación en psicoanálisis y psicoterapia en general.

Fue en una de aquellas sesiones grupales que hacía cuando supo hacia dónde quería volcar su trabajo. Ante la pregunta de un instructor acerca de si para él era más importante el ideal o las personas, dio cuenta de que en todos sus años como misionero había perdido de vista a las personas en pos de una misión. Tal era la concepción religiosa en esa época: el ideal estaba por encima de los sujetos.

Como si fuera una revelación, desde aquel día puso su saber al servicio de las personas. En lo concreto, eso significó el inicio de un proceso personal de transición y en un camino vocacionalprofesional guiado mucho más por lo terapéutico que por lo espiritual abstracto.

Semejante movimiento llevó a que meses después, Hellinger terminara renunciando a la Orden. Su fe no se había movido un ápice, pero la contradicción entre lo que él creía que era el objetivo de su vida y las expectativas y necesidades de su congregación lo convencieron de que debía elegir.

A poco de dejar el clero, a principios de la década del 70, conoció a quien sería su primera esposa, Herta. Con ella trabajó en el desarrollo de sus ideas y su técnica mientras continuaba su formación en la Asociación vienesa para la Psicología en Profundidad y el Instituto de Munich de Formación Psicoanalítica. Se dedicó también al estudio de la Escuela Gestalt, Programación Neuro Lingüística, Psicodrama, Terapia Familiar Sistémica e Hipnoterapia Ericksoniana, entre otras.

Pero aún no terminaba de encontrar lo que quería y en 1973 viajó a California, Estados Unidos, para formarse en la Terapia Primal de Arthur Janov y luego, algo que lo influenció mucho más que casi todo lo que ya había probado: el Análisis Transaccional de Eric Berne.

Fue sobre todo con este último método científico para el tratamiento de trastornos psicológicos muy conocido en Austria y Suiza que se interesó en la idea del "guion secreto" de la vida de las personas. Según Berne, en la infancia de las personas se escribe un guion que maneja actitudes, sentimientos y reacciones durante el resto de la vida.

Hellinger fue un poco más lejos al descubrir que ese guion que siguen las vidas no es solo personal —no empieza en la infancia ni termina con la muerte de una persona— sino que comienza muchísimo antes y que involucra a todo un sistema.

También de esa escuela aprendió la técnica de lo que Berne denominaba las "frases resolutivas", guías para ayudar a los pacientes a salirse de ese guion y a ensayar otras posibilidades.

Esa fue la plataforma a partir de la cual Hellinger creó y desarrolló las Constelaciones Familiares hace tres décadas. Desde entonces, su herramienta ha ido avanzando y profundizándose junto con su incansable dedicación al conocimiento en pos de mejorar la calidad de vida de las personas. Misión que continúa al día de hoy, a sus casi 89 años, y que en el último período de su vida lo llevó a acercarse a chamanes de culturas tan diversas como las de Rusia, Brasil y México en busca de ese saber de los pueblos originarios que fue también el puntapié de su elevada vida espiritual.

Recién cuando estaba en sus 70 años y el método se propagaba de boca en boca, Hellinger pensó en que no había formado a ningún discípulo aún y aceptó una propuesta del psiquiatra alemán Gunthard Weber para registrar su método. En 1993, se publicó como libro bajo el título de *Fortuna caprichosa*. La expectativa era vender dos mil ejemplares entre los colegas dedicados a la psicoterapia e interesados en métodos alternativos. Él fue el primer sorprendido cuando las ediciones empezaron a sucederse y el libro llegó a las 200 mil copias vendidas. Fue el primero de más de una treintena de libros que publicó en los siguientes años, varios de ellos junto a su segunda esposa, la médica Marie Sophie, con quien trabaja.

Hoy, todos sus conocimientos están sistematizados en lo que ha bautizado como *Hellinger Sciencia*, "La ciencia de las relaciones humanas".

Constelaciones Familiares: una filosofía de vida

Bert Hellinger nunca se propuso deliberadamente crear un método o una técnica, sino que llegó hasta allí guiado por el objetivo de ayudar a las personas. Con esa misión, a medida que avanzaba en sus investigaciones y observaciones, evolucionó desde la dinámica de grupo hasta lo que finalmente denominó Constelaciones Familiares.

Como ya dije aquí, se trata de una herramienta o un recurso que una vez que se conoce y se aplica a la vida cotidiana se convierte en una filosofía de vida. Esto se debe a que tiene la capacidad de explicar y mostrar con tanta claridad las razones por las que somos como somos, y nos relacionamos como lo hacemos, y abren una nueva mirada de la que ya no es posible salir ni volver.

Se trata entonces de una manera de mirar completamente novedosa. Y esa diferencia, que convierte a las CF en una solución eficaz a todo cuanto acontece en la existencia de las personas, radica en que responden a una mirada sistémica y fenomenológica.

Para entender de qué hablamos cuando decimos sistémico, los invito a pensar en el cuerpo que habitamos. Nuestro organismo es, en primer lugar, un sistema en el que cada parte es necesaria para que el todo funcione. Como sabemos, un sistema es un conjunto de elementos que se relacionan e influencian unos a otros. A su vez, dentro de este gran sistema que es el cuerpo humano, existen y funcionan otros sistemas que forman parte del mayor, y necesitan de él, pero que también tienen cierta autonomía hacia adentro: el sistema circulatorio, el respiratorio, el digestivo, etc., y dentro de cada uno de ellos, pequeños sistemas. En sentido contrario, es decir hacia el exterior, el hombre pertenece a un eco-sistema; que a su vez está dentro de un planeta que pertenece a un sistema solar y éste a un sistema aún más grande, el universo. Es decir que no es posible pensarnos fuera de los sistemas: estamos atravesados por esta manera de organización desde que nacemos hasta que morimos.

De la misma manera, llegamos a esta vida ya perteneciendo a un sistema de relaciones familiares: todos venimos de una madre y un padre —los hayamos conocido o no— que, a su vez, vienen de los suyos, y así sucesivamente. Los padres, y los hermanos si los hubiera, forman el sistema primario; luego, formamos también parte de un sistema más amplio que se llama familia extendida y está compuesta por tíos y primos.

A partir del sistema biológico, a medida que crecemos y la vida avanza, empezamos a reconocernos como parte de otros sistemas: el educativo —que puede tener cuatro o cinco etapas desde el jardín de infantes hasta la Universidad—; el social, que comienza con los primeros grupos de compañeros de colegio, amigos del barrio, círculos deportivos, artísticos, religiosos, etc.; y más tarde, un sistema laboral que nos va acompañar casi toda la vida adulta. En medio de eso, es probable que se forme el propio sistema familiar: una pareja e hijos. También podemos referirnos a sistemas más amplios: países, culturas, religiones, lenguas, etc.

Con esto quiero decir que no hay posibilidad de pensarnos fuera de los sistemas: somos uno, nacemos y morimos en uno, y estamos constantemente atravesados por decenas de ellos. Y así es como debemos mirarnos: como parte de un todo.

En este sentido las CF son sistémicas: porque todo lo que acontece en el sistema familiar al cual pertenecemos va a influenciar en los otros de los que también somos parte. Es decir, así como lo que vivieron nuestros ancestros —conocidos o no, vivos o muertos— puede afectar nuestras vidas, lo que vivimos nosotros —sumado a lo que traemos de las generaciones anteriores— va a afectar a nuestros descendientes. Por eso en las CF se habla de "ordenar". Solo cuando cada uno recupera su lugar en el sistema, se puede evitar la repercusión en los que llegarán luego.

En cuanto a lo fenomenológico, se trata del funcionamiento de las CF y tiene que ver con cómo se trabaja: como más adelante se verá, la observación y el modo de acompañamiento del "constelador" o "facilitador" durante el desarrollo de las constelaciones debe ser neutral; se trata de respetar lo que es, lo que cada sistema habilita y lo que el destino permite. De esta manera, no interfiere en el desarrollo y el suceder de lo que se va desplegando, aquello que estaba oculto y sale a la superficie. Dice Hellinger, *"es una verdad que emerge y todos la pueden ver (...) Aquello que emerge actúa en el alma"*.

Con fines didácticos, los invito a pensarnos en dos planos: el de la mente, en el que habitualmente nos movemos y con el que miramos, decidimos, juzgamos y opinamos sobre la realidad; y el del alma, donde no hay categorías, ni ideologías, ni juicios morales, porque va más allá de las condiciones o imposiciones culturales, condiciones de vida, o pertenencia socioeconómica. Es en este segundo plano en el que está la Verdad de lo que somos, nuestra esencia. Es desde aquí de donde viene la información con la que trabajan las CF.

No conozco ninguna otra herramienta terapéutica que acceda al plano del alma de una manera tan directa y tan rápida. Lo que muchas veces las personas definen como "mágico" en lo que sucede al constelar es, en realidad, esta posibilidad inmediata y certera de llegar a un lugar en el que se puede ver de otra manera, sortear la naturaleza dual de la mente y acelerar el camino hacia la solución

No es un punto de vista más, sino que es el único lugar en el que las cosas "son", es donde reside la Verdad —así con mayúsculas—; y, por lo tanto, es el camino hacia la verdadera comprensión.

Dice Hellinger: "*Hasta cierto punto la psicoterapia fenomenológica está en oposición a la psicoterapia científica. Mediante experimentos, la ciencia experimental busca descubrir modelos que puedan ser repetidos, de manera que la misma forma de proceder obtenga siempre el mismo resultado. En el caso de las ciencias naturales es relativamente fácil lograr que aplicando el mismo experimento se logren los mismos resultados. En el alma eso no es posible. Si uno desea hacer psicoterapia científica y desea investigar científicamente lo que ayuda, hay que encarar los experimentos de manera tal que el elemento personal quede excluido, de forma que solo lo externo sea tenido en cuenta. Pero como pueden observar aquí, lo personal resulta ser lo más importante. Es imposible obtener resultados valederos sin tener en cuenta el aspecto personal*".

A partir de acá, Hellinger dio el paso crucial en la evolución hacia las CF tal como se las conoce hoy.

El fundamento científico de las CF

Hellinger comprobó que bastaba colocar a las personas en un espacio (campo) para que pudieran percibir las vivencias y características de los individuos que representaban sin saber nada de sus vidas. Y encontró fundamentos científicos que explican su descubrimiento en la teoría de Rupert Sheldrake, un biólogo británico de la Universidad de Cambridge dedicado desde hace décadas a investigar temas relacionados con la existencia, la filosofía, la psicología, la percepción y hasta la telepatía con los métodos y procedimientos de las ciencias exactas.

En su libro *Una nueva ciencia de la vida*, publicado por primera vez en 1981, Sheldrake rechazó la visión mecanicista que reducía todo comportamiento de los seres vivos a cuestiones físicas y químicas establecidas por mecanismos fijos. Y elevó una teoría que sostiene que los organismos adoptan sus formas y comportamientos característicos a partir de las conductas de organismos anteriores; sea que se trate de animales, materiales o personas. Esto lo llevó a afirmar, con gran cantidad de estudios y evidencias, que el funcionamiento de la naturaleza tiene regularidades que responden a hábitos repetidos y que se modifican con cierta universalidad ya que se transmiten "instantáneamente" entre los miembros de una especie, independientemente del espacio y del tiempo. Para dar un ejemplo simple: después de que las ratas de un laboratorio en Estados Unidos aprenden a escapar de un laberinto, las de —por ejemplo— Australia podrán escapar mucho más rápido de un laberinto semejante.

Al proceso que permite y explica eso, Sheldrake lo bautizó "resonancia mórfica". Y se sostiene en una teoría de funcionamiento del mundo basada en los "campos mórficos", que son patrones o estructuras que organizan la naturaleza. Serían los depositarios de la información esencial que permite que la vida se desarrolle, pero además en ellos también residiría aquello que comúnmente conocemos como "instinto": la información sobre los movimientos, actitudes y tendencias que le corresponden a una determinada especie.

El dato más sorprendente es que eso no se encontraría en los genes ni en un lugar del cerebro, sino que se "ubicaría" en el exterior de cada individuo concreto; y que no pertenecería al mundo físico, sino que sería inmaterial y constituiría una especie de "memoria colectiva".

La Teoría de la Resonancia Mórfica permitiría explicar de manera científica la interconexión que muchas personas perciben entre sí y que no se agota en los sentidos, porque también funciona a distancia:

"La resonancia mórfica es un principio de memoria en la naturaleza. Todo lo similar dentro de un sistema auto-organizado será influido por todo lo que ha sucedido en el pasado, y todo lo que suceda en el futuro en un sistema similar será influido por lo que sucede en el presente. Es una memoria en la naturaleza basada en la similitud".

Los científicos dedicados a estudiar esto afirman que los campos mórficos trascienden el cerebro y unen a los individuos, entre sí y con los objetos que perciben, de otra manera: les dan la capacidad de "afectar" a otros con su atención e intención; de manera que con solo mirar algo se podría influirlo. Un ejemplo: ¿cuántas veces nos damos cuenta de que alguien nos está mirando desde atrás? Lo que alguien hace, dice y piensa puede influir a otra persona por resonancia mórfica.

Sheldrake interpreta a estas leyes naturales como recuerdos que se retrotraen hasta el momento en el que el organismo —sea cual fuere— se desarrolló por primera vez y, por resonancia, continúan trabajando y repitiéndose generación tras generación. De ahí que se repitan ciertos patrones dentro de un sistema.

La teoría de Sheldrake ofrece una base científica a los movimientos que se dan con el trabajo en las CF porque lo que toman los representantes es información del campo. El campo jamás puede ser percibido por los sentidos pero sus efectos sí pueden.

La resonancia mórfica y los fractales

La hipótesis de la resonancia mórfica permite considerar el inconsciente colectivo no solo como un fenómeno humano, sino como un aspecto de un proceso más general en virtud del cual los hábitos se heredan en todo el mundo natural.

Esto explica que cuando un suceso es repetido un gran número de veces, se formará en la naturaleza un patrón que posteriormente tenderá a repetirse o a modificar eventos futuros parecidos. Esto se llama "fractales", ya que responde al término acuñado por el matemático Benoît Mandelbrot y refiere a una figura geométrica que, al repetirse, se vuelve más y más compleja con la particularidad de ser auto-semejante en todos sus niveles. Así es como se ordenan jerárquicamente los campos morfogenéticos, tanto en niveles ascendentes como descendentes.

Obviamente el hecho de que "la mente individual" posea sus propias determinaciones hará que no siempre se lleve a último término un patrón preestablecido en los campos mórficos. Sin embargo, esto está siempre presente y condiciona la vida más allá de los deseos y creencias individuales.

Así, según la noción de fractal propuesta por Mandelbrot, la realidad se puede concebir como una organización autosimilar, es decir que cada parte de una totalidad es similar a la misma, la que a su vez es parte de otra totalidad, así hasta el infinito. En la naturaleza encontramos sistemas organizados fractalmente, por ejemplo, en la forma de un árbol, sus ramas y sus hojas; un copo de nieve, una nube, etc. Es como una multiplicación *ad infinitum* de una forma.

La física cuántica, el alma y la muerte

La Física Cuántica nació como disciplina científica en la segunda década del siglo pasado a partir del trabajo del Premio Nobel y creador de la Teoría de la Relatividad, Albert Einstein. Desde entonces, ha avanzado en el desarrollo de una teoría que sostiene, como premisa principal, la idea de que no hay una existencia objetiva del mundo sino que es la observación lo que lo crea.

Sin intentar reducir o simplificar aquí una teoría por demás compleja, presento esta breve explicación para llegar a una de las hipótesis más fuertes a las que ha arribado la Física Cuántica al día de hoy: el cuerpo que llamamos físico es en realidad un conjunto de partículas sujeto a las leyes de la energía y el electromagnetismo.

Sostener que no toda la realidad es meramente física, que somos energía y que los pensamientos lo son también, implica una nueva forma de mirar el mundo material; y ha generado un interés especial en el estudio del hemisferio derecho del cerebro humano, que había sido "olvidado" por el paradigma científico occidental. Allí es donde residen todas las habilidades humanas que tienen que ver con las emociones, la intuición, la percepción, etc.

Una vez que empezó a posarse la lente científica sobre esto, se abrió toda una serie de investigaciones alrededor de estas otras capacidades que, como contracara de la razón, son el otro 50 por ciento de lo que podemos los seres humanos.

¿Por qué esta introducción? Porque en el desarrollo de las CF se viven fenómenos que resultan "inexplicables" a simple vista pero que, sin embargo, suceden. Como también ocurren, de una manera quizá menos asombrosa pero tan contundente, en la vida cotidiana: ¿a quién no le ha pasado que al entrar a un lugar o a una casa, se siente muy cómodo rápidamente? O, al contrario, lo invade una situación de tensión o estrés. ¿Cuántas veces nos encontramos con una persona por primera vez y en el mismo instante en el que la vemos a los ojos y cruzamos unas palabras, nos sentimos a gusto y el encuentro fluye sin que sea necesario hacer ningún esfuerzo? ¿Cómo explicar esa magia de lo que comúnmente se llama "amor a primera vista"?

Se trata precisamente de que las personas llegan a un encuentro con la información de sus experiencias personales y la de sus ancestros. Al igual que los lugares, que están impregnados con la información de lo que allí se vivió desde el momento de su construcción; incluso desde que fueron pensados. Esa información es percibida por nosotros y respondemos a ella. Porque el universo funciona por resonancia, reflejo y reacción.

En los últimos años, las investigaciones derivadas de esta rama de la ciencia están profundizando en temas como la existencia del alma y de la consecuente inexistencia de la muerte.

Uno de los que ha estado trabajando en esto es un médico y científico norteamericano llamado Robert Lanza, quien ha concluido que la muerte "es una ilusión". Este profesor adjunto de la Escuela de Medicina de la Universidad Wake Forest de Carolina del Norte apela a la Física Cuántica —y a una teoría que de ella se desprende llamada Biocentrismo— para asegurar que todo lo que los humanos damos como un hecho, existe porque estamos centrados en nosotros mismos y, por lo tanto, creemos que es así y punto: "*Nuestro modo tradicional de pensar se basa en la creencia de que el mundo tiene una existencia objetiva, más allá de un observador independiente. Pero ocurre lo contrario:*

así como creíamos que el Sol se movía y no nosotros, también creemos en la muerte, porque está vista desde nosotros: nos han enseñado que morimos, y nos asociamos a nosotros mismos con nuestro cuerpo y por eso sabemos que los cuerpos mueren", explicó a los medios recientemente Lanza, al presentar sus últimas investigaciones. Para él, conceptos como "universo", "espacio" o "tiempo" existen solo en nuestra conciencia, como instrumentos construidos para la propia vida. O con sus palabras: "*Todo lo que uno ve y experimenta en este mismo momento —incluso el propio cuerpo— es un remolino de información que ocurre solo en la mente de cada uno*".

Los Órdenes del Amor: las leyes universales

"Primero viene el Orden,
después el Amor."
BH

Uno de los hallazgos de Hellinger a lo largo de toda una vida y existencia dedicada a comprender, acompañar y asistir a las personas en la búsqueda de alivio, soluciones y paz, fue la revelación de los Órdenes del Amor: un conjunto de "reglas" que habilita la circulación del amor en nuestras vidas y que, como el abecedario lo es al lenguaje, es fundamental respetar para garantizar el funcionamiento armónico del sistema y vivir en sintonía con lo que es. Porque en el plano del alma todo es amor, y entonces de lo que se trata es de que pueda fluir. ¿Cómo? A través del respeto y la garantía de esos órdenes universales. Solo así podrá fluir en todas sus formas: pareja, paternidad, maternidad, amistad, salud, trabajo, dinero, éxito, paz, etc. Al contrario, cuando se transgreden estas "leyes", es cuando aparecen las demoras, los obstáculos, los conflictos y las dificultades.

Los Órdenes del Amor son la columna vertebral —el andamiaje filosófico-sistémico— de las CF: una especie de guía que explica cómo funcionan correctamente las relaciones humanas. Tanto en nuestro sistema primario, que es la familia, como en todo el resto de los sistemas a los cuales pertenecemos.

Hellinger sistematizó estos Órdenes que, como tienen que ver con lo esencial del ser humano, son universales y, por lo tanto, son aplicables a los sistemas de todas partes del mundo; más allá de las diferenciaciones ideológicas, culturales, religiosas, filosóficas, sociales que pudiera haber. ¿Por qué? Porque en el plano del alma todo es Uno.

En palabras de Hellinger: *"Si observamos al mundo, podemos mirarlo en su diversidad: cómo todo se va individualizando, cómo cada cosa es de manera individual y cómo a menudo eso individual se opone e incluso lucha entre sí. Pero todo eso individual en el fondo se basa en un Uno que lo sostiene. De ese Uno —en las profundidades, la pluralidad y la diversidad— extraen su suerte, su propia singularidad"*.

Una cosa es lo que la mente "ve", y otra cosa es lo que en los niveles más profundos es. En este sentido, conocer cómo se ordena el sistema permite salir de la trampa racional que supone la ilusión de la separatividad. Es decir, aprender a ver la unidad en la diversidad. Ese es el desafío.

Ordenar se convierte entonces en la palabra clave y, una vez más, no se trata solo de poder ver los problemas, sino de la comprensión; que, como dice Hellinger, no es más que "reconocer lo que es". Solo así se llega al Orden y esto es lo que permiten las CF, porque a través de ellas se accede a la información necesaria para conocer el origen y la solución, que están tanto en el plano del alma —que es personal y sistémica— como en el plano del espíritu, que es lo universal, lo trascendente.

Orden de la vinculación

Todos los Órdenes están en un mismo nivel de importancia y no deben jerarquizarse. Es como querer establecer prioridades entre los diferentes mecanismos que forman el organismo humano. No se puede: es imprescindible que todos y cada uno funcionen bien para que el sistema completo esté en armonía. Por lo tanto, no puede ponerse a ninguno por delante o encima del otro.

Sin embargo, hay un orden indispensable que habilita a todo el resto y es el Orden de la Vinculación. Por la sencilla razón de que es condición necesaria que primero haya un vínculo. Acá quiero hacer una aclaración: cuando hablo de "vínculo", me refiero a eso que une a dos personas —sea por el parentesco, el tipo de encuentro que tuvieron o cómo se eligieron— y es para siempre, más allá de los avatares y las vueltas de la vida. En este sentido, es diferente de la "relación", que puede comenzar y terminar —en una pareja, entre amigos, entre compañeros de trabajo o de viaje—, que puede modificarse a lo largo del tiempo y cambiar de forma, de intensidad, etc. En cambio, el vínculo entre dos personas —eso que los unió— se establece en el plano del alma y es para siempre; sigue existiendo aunque la relación termine.

En términos sistémicos, todos los vínculos son importantes pero solo algunos pasan a formar parte del sistema: en particular, los familiares y los amorosos (las parejas). Otros como las amistades, los laborales, los pedagógicos o comerciales, aún cuando sean sumamente influyentes o transformadores, no pertenecen al sistema.

Una vez que existe este Orden de la vinculación, el abanico se abre y aparece el resto. Voy a explicar tres órdenes que regulan estas relaciones con el fin de poder acercarnos mejor a lo que luego en los diferentes casos como lo que se revela pueda ser más fácilmente comprendido: el Orden de la pertenencia, el Orden de la jerarquía y el Orden de la compensación.

ORDEN Y AMOR

Bert Hellingher

El amor llena lo que el orden abarca
El amor es el agua, el orden, el cántaro
El orden centra,

el amor fluye
El amor y el orden actúan en conjunto.

Así como una dulce canción,
Se entrega a las armonías.
Así el amor se entrega al orden.
Y así como el oído se acostumbra a las disonancias,
A pesar de las pertinentes explicaciones,
Así también nuestra alma tiene dificultades,
Para acostumbrarse al amor sin orden.

Algunos tratan este orden
Como si fuera solamente una opinión
Que se puede tener o cambiar a discreción.

Pero nos viene predeterminado,
Actúa aunque nosotros
No lo comprendamos.
No se piensa, se encuentra.
Lo deducimos, como el sentido y el alma,
Por su efecto.

Orden de la pertenencia o de la inclusión

El Orden de la pertenencia sostiene que todos aquellos que son parte de un sistema tienen el mismo derecho a ser incluidos.

A un sistema pertenece, en primer término, toda la línea ancestral biológica: padres, abuelos, bisabuelos, etc.; los hermanos y los hijos nuestros y de los antepasados, tanto vivos como fallecidos y no nacidos por cualquier razón —abortos voluntarios e involuntarios, conocidos y desconocidos—; las parejas anteriores y la actual de cada uno, como así también las parejas de los padres y los abuelos. Luego, también pasan a ser parte aquellos que cayeron en desdicha a causa de alguien del sistema; y los "perpetradores", que son aquellos como los asesinos, violadores, etc., que quedan enredados al destino de sus víctimas y de las respectivas familias.

Desde la conciencia personal hay ciertos hechos que no son fácilmente admisibles: un abuelo que estafó, un padre que engañó, una abuela que enloqueció e hizo abandono de hogar, un asesinato, una violación, etc. Es natural que el ser humano distinga entre buenos y malos, amigos y enemigos, amores y odios; y que se excluya, se saque del corazón, a las personas que han causado algún daño. De la misma manera, es comprensible que no se reconozca que los hechos vividos por ancestros con los que no se estableció vínculo alguno puedan influir en nuestra vida.

Esta mirada, que a diario aplicamos para ordenar el mundo en general y el entorno propio en particular, solo existe en el plano de la mente. Y además, funciona como defensa: porque a veces esa lectura de la realidad es lo mejor que se puede hacer para superar experiencias que, de otra manera, serían muy dolorosas y caóticas.

La llamada "conciencia inconsciente" familiar, que a partir de ahora denominaré el "alma familiar", es la que vela para que todos los integrantes del sistema tengan su lugar y, cuando eso no sucede, va a compensar esa exclusión "implicando" —enredando— a un descendiente de la familia con los destinos, pérdidas, los dolores, los síntomas, las enfermedades, etc., de alguno de sus ancestros; aunque nada haya tenido que ver con lo ocurrido en el tiempo anterior, que puede haber sido en una generación inmediata o más lejana.

Por lo tanto, las implicancias son intentos inconscientes de devolverle el lugar que se les había retirado a los ancestros o a los hechos vividos por ellos. Pero son intentos fallidos, porque en realidad lo que necesitan en el plano del alma es ser reconocidos, recuperar su lugar y ser parte del sistema. Y eso solo se logra cuando a ese otro —excluido por la razón que fuere— se le dice: "Te reconozco", "Vos también sos parte", "Vos también pertenecés", "Te honro", "Te hago un lugar en mi corazón", etc.

La exclusión o la falta de reconocimiento de una parte del sistema es el origen de una diversidad de problemas y trabas en la vida: desde simples obstáculos y dolencias —menores o mayores— hasta tragedias que se repiten sin que la mente pueda darles una explicación lógica. Y, a través del desarrollo de una constelación, no solo se puede ver y comprender cómo y dónde se produjo la exclusión, sino que además se puede "solucionar".

Orden de la jerarquía

Sostiene que "el que llegó primero, tiene prioridad". Esto se aplica, por ejemplo, a la línea ancestral con la cadena lógica de "bisabuelos, abuelos, padres, hijos"; y todas las circunstancias que han vivido. En el caso del núcleo familiar, los padres tienen prioridad frente a los hijos: sería "padre, madre, primer hijo, segundo, tercero, etc.", hayan nacido o no hayan llegado a nacer, estén vivos o muertos. Como así también para los vínculos de pareja, más allá del resultado de la relación: el primer novio, el segundo novio, el primer marido, el segundo marido, etc. Por otro lado, la familia actual es prioritaria al sistema de origen, y la pareja actual a la anterior.

A pesar de lo simple que resulta en su formulación, su trasgresión desencadena desórdenes profundos en todos los aspectos de la existencia. Porque conocer el lugar propio dentro de un sistema es el punto de partida para encontrarlo en la vida: solo cuando uno sabe dónde está ubicado, puede avanzar con seguridad y fuerza hacia donde quiere estar y en lo que se quiere realizar.

Por esto, uno de los desórdenes que se encuentran con mucha frecuencia en las CF es el que generan los hijos no nacidos cuando no tienen su lugar, su reconocimiento. Sea por abortos provocados o espontáneos, por embarazos que no se consideran hijos por lo prematuro de la pérdida, o por embriones que se reabsorben los primeros días o semanas sin que se sepa de ellos.

Cuando en una línea de hermanos falta uno —o más— de ellos, si no son reconocidos como tales, es probable que uno —o más— de los hijos vivos esté "implicado" con ellos y tome un lugar que no es el que les corresponde. Por ejemplo: si antes del nacimiento del primer hijo hubo otro que se abortó, el segundo va a crecer creyendo que es el primero y saldrá a la vida sin contar con la fuerza suficiente para desarrollarse y avanzar, porque su lugar es otro. En cambio, cuando cada hijo tiene el lugar correcto en la línea de hermanos, sale a la vida con la fortaleza y la confianza necesaria para tomar los espacios y alcanzar los objetivos que le corresponden.

Orden de la compensación

Una de las claves para que el amor fluya en las relaciones humanas es que haya un equilibrio entre el dar y el tomar. No se trata de dar y recibir, sino de tomar; que es muy distinto. Mientras recibir habla de una actitud pasiva en la que simplemente a uno le "llega" lo que el otro tiene para dar, tomar requiere de una acción; es un movimiento hacia adelante. Podemos recibir un regalo, pero no por eso tomarlo. De la misma manera, todos recibimos la vida, pero eso no quiere decir necesariamente que la tomemos.

Este orden atraviesa absolutamente todas las relaciones personales y sociales. Siempre es necesario que se mantenga una compensación balanceada entre las partes: por ejemplo, si en una relación de pareja no hay un equilibrio entre el dar y tomar —porque uno da mucho más de lo que toma, o uno toma mucho más de lo que da—, seguramente en el tiempo alguna crisis aparecerá; si un empleado se brinda entero a su trabajo pero el empleador no es capaz de compensarlo con un ingreso mayor o ciertas concesiones cuando las necesita, el equilibrio se va a perder y el empleado comenzará a dar menos para intentar alcanzar un equilibrio hacia abajo o terminará renunciando; o el ejemplo opuesto: si el empleador es demasiado generoso y el empleado no responde de una manera equilibrada, va a llegar un momento en el que el empleador va a compensar hacia abajo, por ejemplo retirándole los beneficios. En la amistad es similar: si un amigo está siempre disponible pero cuando necesita atención la pide y el otro no la corresponde, la relación va a empezar a perder fuerza.

Es decir: tiene que existir una compensación para que una relación sea próspera y tenga un buen pronóstico. Lo que se da y lo que se toma no tiene que ser lo mismo. Por ejemplo: en una relación de pareja, uno puede traer el sustento a la casa y el otro cuidar y asistir el hogar y a los niños.

En las CF de las relaciones de pareja suele aparecer el reclamo de que el otro "no tiene nada para dar". Sin embargo, ante estos planteos muchas veces sucede que no es que el otro no se brinde o no esté disponible; sino que, porque no encuentra lo que quiere, el que reclama no sabe tomar lo que su pareja puede darle. Por lo tanto, no se trata del otro, sino que es un movimiento que empieza y termina en uno: el dar y el tomar comienza y termina en la persona.

Esto es válido para todas las relaciones humanas a excepción de una: la relación con los padres. La razón es que los padres dan la Vida, y este es un regalo tan grande que es imposible que los hijos puedan compensarlo. Entonces, en las relaciones entre padres e hijos, el equilibrio va a alcanzarse de otra manera: en el tiempo, cuando uno da, cuando pasa y cuida la vida en cualquiera de sus manifestaciones: teniendo hijos, adoptándolos, protegiendo a los animales, plantas o al medioambiente, haciendo servicio social y comunitario.

Hay cantidad de historias de hijos que renuncian a su propio camino por querer compensar eso hacia atrás: por ejemplo, pierden todo y vuelven a la casa de los padres para asistirlos. Hay hijos que incluso renuncian a su vida, se enferman o se mueren en el lugar de los padres. Pero así y todo, aún en casos tan extremos como esos, nunca pueden compensar esa vida que a través de los padres les ha llegado.

De este orden surge que en la naturaleza humana esté la necesidad de dar y servir: es una manera de compensar la Vida que se nos ha dado.

En relación con las reglas y valores

Según el sistema del cual proviene, cada familia tiene sus propias reglas —normas o criterios— y valores —principios o creencias—, que se definen por cuestiones que tienen que ver con la religión, la filosofía, la cultura y la sociedad de la cual forman parte y que va a establecer pautas, costumbres, preceptos, ritos específicos y determinados que van a variar de acuerdo al sistema al cual pertenecen. Esta es la razón por la cual algunas reglas y valores son bien vistos en ciertos casos y no en otros. Por ejemplo: en algunos países de Oriente las mujeres tienen que cubrirse el cuerpo entero para salir a la calle, mientras que en la mayor parte de Occidente hay libertad para elegir el atuendo; en algunas mesas la bendición de la comida es un momento sagrado, así como la oración antes de ir a dormir, y en otra no. Hay familias en las que se aprueban los casamientos mixtos —de diferentes religiones— y otras en las que esto resulta inaceptable; hay casas en las que los hijos se dirigen "usted" a los padres y hay otras en las que el trato es coloquial; algunas en las que adultos y niños comen por separado y otras en las que la cena es un momento familiar sagrado. Lo importante es que el cumplimiento de las reglas y valores del sistema por parte de los miembros de la familia va a garantizar la pertenencia y su trasgresión la va a poner en riesgo.

Expresiones que abren el corazón

Hay, según Hellinger, tres palabras "mágicas": gracias, por favor, sí. Son frases simbólicas que funcionan como llaves maestras porque posibilitan y facilitan que el amor fluya en la relación con los padres y con la pareja.

Pero tienen, en cada uno de estos casos, una secuencia diferente:

Con los padres

Gracias: gracias por darme la Vida.

Por favor: por favor, cuídenme, por favor, ayúdenme a crecer, por favor, estén cerca de mí, por favor, acompáñenme.

Sí: Sí, asiento a todo tal como son, asiento a todo tal como fue con todo lo que haya sucedido.

El gesto de decir "sí" es un gesto de honra, porque uno inclina naturalmente la cabeza hacia abajo al pronunciarlo y, en ese gesto, lo que hace es reconocer a los padres como los grandes frente a uno, al mismo tiempo que se reconoce como el pequeño frente a ellos; siempre, desde que se es niño hasta que se es anciano.

En la pareja

Sí: sí, te elijo, sí quiero caminar con vos en la vida, sí quiero que avancemos juntos en la misma dirección.

Por favor: por favor, acompañame, por favor camina a mi lado.

Gracias: agradecer es un gesto de gratitud de corazón a corazón y es lo que permite tanto unirse como separarse con amor. Decir gracias es importante tanto mientras se está junto a alguien como cuando la relación concluye, por el motivo que fuera.

Constelando: de la teoría a la práctica

Una de las metáforas que se suele usar para explicar lo que sucede en las CF es la del *iceberg*: lo que hay debajo del agua —inaccesible a la vista— es decenas de veces lo que está en la superficie. Así es como funcionamos nosotros: nuestras creencias, nuestros pensamientos, nuestras ideas y convicciones son lo que se ve; mientras que lo que es verdaderamente, subyace; y, por lo tanto, se desconoce.

Es allí donde está —oculto— el "sostén" de lo que somos; que además tiene el poder de influir sobre nuestra vida, nuestro destino y nuestra realización de manera inexorable. Es el origen de todos los desórdenes y, por lo tanto, también de todas las respuestas y soluciones.

Acá es necesario diferenciar a lo que nos referimos con lo visible y lo oculto, de lo consciente o lo inconsciente: la información con la que trabajan las CF no es una información que necesariamente está reprimida, sino que es desconocida en el plano de la mente. ¿Por qué? Porque no necesariamente es una información que hemos vivido nosotros y reprimimos; no es algo que se pueda recuperar con trabajo terapéutico ni tampoco en la historia de nuestros padres; y si así fuera, hay circunstancias que han vivido y pertenecen a la intimidad de ellos y los hijos no tienen por qué saberlas. Sino que, tal vez, se trate de una información vivida por los abuelos, o más allá de ellos, y no haya posibilidad alguna de recuperarla. Porque está en otro lugar, en otro espacio: está en el alma.

Y cuando hablo del alma, no lo hago desde un punto de visto religioso. Sino que me refiero a aquello invisible e intocable que es lo esencial de la vida: eso que explica todo lo que podemos registrar como sensaciones, percepciones y emociones que nos atraviesan a cada momento, tales como cuando un niño expresa una alegría indescriptible al mirar a sus padres, cuando el corazón late al amar a una pareja, cuando se siente un profundo amor ante el hijo, cuando se vibra con algo o alguien, cuando un "Maestro" despierta devoción. Eso que nos recuerda que estamos vivos.

Los invito ahora a extender aún más el alcance de este término; a pensar que no se trata solo de un alma individual. Es mucho más que eso: todos pertenecemos a un alma mayor, que nos conecta. Hellinger la llama "Gran Alma" y es el lugar en el que nos encontramos, nos hallamos, vivimos, evolucionamos y trascendemos.

Hellinger dice: *"El alma, en latín, 'anima' (...) es lo que da vida a lo vivo y hace posible la vida. Este alma no es algo individual, algo que cada individuo posee, sino que cada individuo participa de esta alma. Para mí esta 'gran alma' es la que guía la evolución. La evolución es guiada por algo sabio y eso es el alma. Aquel que es capaz de entregarse a los movimientos del alma, tiene posibilidad de progresar".*

Roles y dinámica de las CF

La metodología de las CF consiste en la reunión de un grupo de personas —participantes— alrededor de un espacio central, que es "el campo", con la presencia de un facilitador o constelador.

Existen tres maneras de participar en un taller.

Participante: no todas las personas que asisten a un taller son llamadas a constelar su tema o elegidas como representantes. Sin embargo, eso no implica que no "trabajen" en los talleres, como comenté en las líneas anteriores. Al contrario, es puntada tras puntada la que se va logrando desde este lugar, integrando y ordenando lo necesario para cada uno.

Representante: son las personas elegidas por el consultante para representar a los diferentes miembros de su sistema o a los diferentes aspectos sobre lo que se quiere constelar. En ciertas ocasiones esta elección también puede hacerla el facilitador.

Consultante: es la persona elegida para constelar su propio tema-sistema. La elección de una persona u otra no es al azar ni intencionada: esa decisión depende de la percepción con la cual el facilitador evalúa la fuerza que cada una de esas personas tenga para abrir su propio sistema.

Me gusta decir que todas las formas de trabajar en un taller son sumamente valiosas para ir integrando, incluyendo, ordenando lo necesario en nuestro interior. De hecho, hay movimientos de solución que se alcanzan desde cualquiera de estas maneras de asistir.

Por eso hay personas que van siempre a participar, por el trabajo interior que realizan y los resultados que van logrando. Así como hay personas que asisten con la intención de constelar "su" tema, porque creen que solo así les servirá estar ahí, pero finalmente deciden no constelar ese día porque a lo largo del taller encontraron respuestas y alcanzaron logros; también hay quienes van solo a participar y por algo que resonó muy fuerte en ellos —alguna información que aparece— deciden constelar. Justamente, una de las cosas que hace tan eficaz a este método y que justifica el hecho de que sea en grupo es que, como todos venimos de una madre y un padre, y de un sistema, siempre vamos a resonar en mayor o menor medida con las diferentes constelaciones y los que en ellas se manifiesta.

El trabajo será mucho más rico aun cuando quienes asisten pueden vivenciar cómo funciona esa conexión entre las temáticas que dominan un taller y las inquietudes personales, o la relación que habitualmente aparece entre lo que se representa y lo que es necesario ordenar.

¿QUÉ SUCEDE EN UN TALLER?

El facilitador pregunta quién quiere constelar y los participantes que desean hacerlo levantan su mano. Luego, se toma unos segundos y elige a uno de ellos.

El participante elegido, a partir de ese momento el "consultante", se sienta al lado del facilitador y plantea su tema o problemática. La manera en la que se expresa lo que se quiere constelar tiene una importancia fundamental, porque es lo que "intenciona" el campo. Es decir, lo que impregna la información que va a emerger de allí y los representantes van a traducir.

Una vez planteado el tema, el facilitador puede hacer algunas preguntas si lo considera necesario. Esto es porque, en la mayoría de los casos, nada sabe de quién va a constelar y resulta útil, a los fines de asegurar que el campo se intencione correctamente, que el facilitador entre en resonancia con el consultante; colabora para que el trabajo resulte eficaz.

Luego, le pide al consultante que elija a los representantes necesarios para armar la constelación. La cantidad de participantes necesarios va a depender de qué se trate el planteo: a veces puede ser uno solo, pero lo más habitual es que empiecen con un mínimo de dos representantes y que, a medida que se despliega la constelación, se vayan incorporando o agregando más; no hay límites prefijados en la cantidad.

Una vez elegidos, el facilitador puede pedirle al consultante que los ubique en el campo —apoyando sus manos en los hombros— o puede dejar que se ubiquen solos. En cualquiera de los dos casos, la ubicación no se hace desde el plano de la mente, sino que se trata de seguir lo que se "siente" una vez que se está en el campo; es decir, dejarse guiar por el impulso del alma. A través de cómo se posicionen, se puede empezar a ver cómo se relacionan entre ellos.

Lo que sucede a simple vista es que los representantes, al ingresar y ubicarse o ser ubicados de esta manera, comienzan a expresar la información a través de movimientos, miradas, posturas físicas, sonidos y expresiones verbales —espontáneas o generadas por preguntas del facilitador—. Esto ocurre porque esa información del campo es tomada y llega a través de sensaciones e impulsos que se manifiestan imperiosamente, de la misma manera en la que el hambre lleva a comer o el sueño a cerrar los ojos y dormir. Es tan fuerte lo que se registra que no se puede evitar seguirlo. Lo que hacen, en realidad, es "traducir" la información del campo que el facilitador "describe".

Hablamos de describir y leer, porque justamente lo que sucede en las CF es que no hay interpretación. El facilitador se despoja de todo aquello que cree y se limita a observar y describir lo que ocurre. Se trata de tomar una información que está y que es en sí misma verdadera. Porque el campo no miente. Y lo que muestra, es.

Luego todo sucede en un despliegue de acciones que evidencian lo que está en la superficie (resonancia entre los representantes, cómo se relacionan, etc.) tanto como lo que está debajo de la superficie, lo que subyace al problema planteado (las implicancias, los desórdenes, etc.).

La constelación se despliega con la guía del facilitador, que también se impregna de la información del campo, y hace preguntas al consultante, agrega o quita representantes, de acuerdo con lo que se revela a través de escenas que van apareciendo en el campo. Así es cómo, a medida que se despliega la CF, llegan las "imágenes sanadoras": son las que muestran lo que es en lo profundo, la verdad de lo que sucede en un sistema respecto de la problemática planteada. Son imágenes que ya estaban en el alma pero que eran desconocidas para el consultante y, por lo tanto, al ser mostradas generan un impacto sanador. Porque posibilitan ver el origen del tema que se consulta y un camino hacia la solución. La imagen de solución que aparece al final de una CF es efectiva si se posibilita que se instale en el alma. Cuando eso ocurre ya no es posible deshacerse de ellas, porque el alma las va a recordar y tendrán el poder de modificar la mirada: son como fotos que quedan grabadas y que tienen efecto en el tiempo.

Ante las imágenes sanadoras, el facilitador puede pedir a los representantes que enuncien frases que refuerzan lo que se muestra. Se llaman "frases sanadoras" y su origen se remonta a las "frases resolutivas" con las que trabajaba Eric Berne en el Análisis Transaccional y que Hellinger desarrolló a partir de su propio conocimiento. Son expresiones verbales capaces de devolverle el orden a un sistema: al apuntar al reconocimiento y a la inclusión, a través de ellas se une lo que estaba separado y se le hace un lugar a quien no lo tenía. Se dirigen a lograr la conexión con lo que es necesario y tienen un efecto inmediato de liberación, de alivio, de sanación, de asentimiento de parte del consultante.

El resultado de estas frases es sumamente poderoso y se evidencia en cómo se modifican posturas y expresiones en el campo luego de que los representantes logran decirlas, como así también en el consultante. Esas frases de solución surgen de la percepción que el facilitador alcanza al estar en resonancia con el alma del consultante y de su sistema. Es la información que de ese campo de fuerzas toma y la pone en palabras al estar en sintonía con él.

Todo esto que ocurre en una CF se explica por el concepto de "resonancia" que introduje antes a partir de la teoría de Sheldrake y que hace que todos los que asisten a un taller trabajen, ya que las diversas temáticas que se muestran resuenan en unos y en otros; porque es el alma la que recuerda y se hace "oír". En esa interacción se da una profunda que —si se está atento y en sintonía— no necesita del lenguaje verbal.

Como facilitadora, cuando lo considero necesario agrego representantes a los que intenciono especialmente como "fuerzas espirituales", "la Fuerza Mayor", "la Gran Madre", etc. Son fuerzas de protección o contención que para cada persona, según sus creencias, puede llevar un nombre diferente: el Ángel de la

Guarda, la Virgen o la Pachamama, etc. Y también, muchas veces, intenciono a representantes como "el destino". En relación al destino, Hellinger dice: "*En gran parte nos está predeterminado a través de nuestros padres (...) Solo estando en concordancia con este destino, con estos determinados padres y con nuestro origen, y estando dispuestos a ocupar nuestro lugar allí, tenemos fuerza*".

Cuando aparecen en los representantes dolores muy profundos relacionados con temas muy traumáticos como guerras, muertes prematuras o abortos, agregar estas fuerzas permite el movimiento de soltar, de entregar. Porque en situaciones de tanto sufrimiento se necesita de algo más grande para poder respetar lo que es y asentir a eso.

Algunas preguntas frecuentes sobre las CF

¿Qué se puede constelar?

Todo aquello que sea importante para uno porque está afectando su vida, por la persistencia o la repetición del problema, o por la imposibilidad de superarlo a pesar de los intentos de solución.

Se puede constelar las relaciones de cualquier tipo —dificultades y conflictos familiares con los padres, entre hermanos, con los hijos, adopciones, de pareja, sociales, amistosas, etc.—; en relación a los problemas de salud: síntomas diversos, adicciones, etc., sensaciones o emociones en generales: angustias, tristezas, miedos; duelos, traumas, secretos. Problemas laborales y/o económicos, temas relacionado con lo organizacional, problemas jurídicos, pedagógicos, etc.

¿Es necesario saber algo antes de asistir a un taller?

No es necesario leer ni saber acerca de la teoría y práctica de las CF antes de asistir a un taller. Y tampoco es necesario, aunque sí recomendable, indagar en la historia familiar. Si se sabe algo, es mejor. Lo importante son los hechos: por ejemplo, si hay exclusiones, migraciones, muertes tempranas, problemas de herencias, asesinatos, guerras, abortos, o cualquier hecho significativo que llame la atención en la historia familiar. Con mucha frecuencia, los participantes llegan al taller con conocimiento de la historia de sus padres y ancestros, pero nunca es toda; siempre algo o mucho se pierde en los relatos, queda como secreto o simplemente no trasciende y no llega. Lo que es importante saber y conocer va a aparecer en el campo con una fuerza que resulta sorprendente. Porque es la Verdad de la historia.

¿Se puede constelar la primera vez que se asiste a un taller?

Sí. Todo dependerá de la fuerza que el participante tenga para hacerlo. Muchas personas constelan la primera vez que asisten a un taller y otras pasan varios antes de poder hacerlo. Si alguien quiere constelar y no lo hace en esa oportunidad, sugiero confiar en que hay una razón mayor por la que esa espera sucede y que probablemente la persona pueda comprender oportunamente el por qué y el para qué. Con frecuencia, a partir del trabajo personal que se va realizando durante los talleres, el tema que finalmente se plantea para constelar es el que estaba por debajo de la creencia primera, y es el tema que tiene fuerza.

¿Se puede constelar en cualquier momento?

Hay algunas situaciones o temas en los que se recomienda esperar un tiempo prudencial antes de constelarlos, pero esto no quita que se pueda participar siempre de los talleres. Una de esas situaciones es cuando se está haciendo un proceso de duelo.

¿Cómo plantear un tema?

Muchas veces una persona quiere constelar y es elegida para hacerlo. Pero, tan importante como tener la fuerza, es plantear el tema que se quiere constelar de manera correcta: precisa, clara, sin ambigüedades. No se trata de una exigencia, sino que de eso dependerá en gran medida cuál va a ser la información que va a impregnar el campo y, por lo tanto, la que va a emerger y van a traducir los representantes. Si bien la información es siempre una, el campo se manifestará de acuerdo a cómo se lo haya intencionado a través del planteo.

¿Cómo se elige a los representantes?

La elección de los representantes es por resonancia: el consultante recorre el campo y mira a los participantes hasta que siente el impulso que lo lleva a decidirse por uno de ellos. Para eso, la clave es despojarse de todas las categorías que impone la mente, tales como edad o aspecto físico. Si bien a veces eso ayuda a la representación, y es recomendable porque facilita el reconocimiento de la escena, lo cierto es que en el plano del alma nada de eso existe.

¿Alguien puede negarse a participar como representante?

Sí. Si alguien es convocado y siente que no quiere hacerlo debe respetarse. La sugerencia es intentarlo, ya que es una experiencia reveladora. Pero requiere de una decisión personal. No hay ninguna obligación.

¿Las CF reemplazan a la terapia psicológica?

No. Si bien las CF tienen un contenido terapéutico no pueden considerarse una terapia en sentido estricto ya que no se crea una relación terapéutica con el consultante ni tampoco hay un seguimiento personalizado de los casos individuales, salvo cuando quien consulta así lo requiera. Es una herramienta compatible y complementaria con la terapia psicológica.

Lo que suele pasar es que muchas personas llegan a los talleres luego de haber probado múltiples terapias sin encontrar una solución. Hay un momento en lo terapéutico en que se puede llegar a un punto ciego y se estanca el tratamiento. Lo digo con todo respeto a esta bendita profesión a la cual amo profundamente, porque no se trata de una falla, sino de que a veces sucede que la información está simplemente en otro lugar, donde la conciencia no puede llegar. Porque es una información transgeneracional, absolutamente desconocida, y ahí es donde resulta efectiva esta herramienta, que lo que hace es trascender estos límites que el yo impone y que solo el alma recuerda, ya que sucedieron en otro tiempo. Y de esta manera, acelera hacia la solución.

¿Hasta cuántas generaciones previas puede rastrearse información?

No existe ese límite. Porque los campos trascienden el tiempo y el espacio: la información se recibe de forma instantánea, porque no tiene que viajar sino que simplemente está. Además, ese dato le importa a la mente no al alma; al alma lo que le interesa es el orden. Hay casos en los que se llega a información de muertes, pérdidas y exclusiones ocurridas en tiempos, por ejemplo, de la Inquisición.

Segunda parte

HISTORIAS Y TESTIMONIOS

La madre: donde todo comienza

"Honrar a la madre es lo más difícil
y lo más grande."
BH

Todos venimos de una madre y de un padre. Eso es obvio, claro. Pero lo que muchas veces perdemos de vista es que ellos son los que han dado lo más sagrado: la Vida. Cuando se puede ver eso con el alma y, sobre todo, cuando se puede comprender que solo por ese hecho ellos se merecen la honra, se alcanza un orden fundamental para todas las personas.

Esta mirada de respeto y gratitud es imprescindible hacia ambos padres, como lo es su amor, pero acá es necesario hacer una diferencia fundamental que permite comprender por qué vamos a comenzar hablando por la madre y vamos a decir, sin exagerar, que el hecho de poder tomar el amor de la madre es un cambio transformador en la vida de las personas.

El padre es tan importante como la madre. Pero ella es la que llegó primero, porque es la "dadora de vida": en ella se gesta y crece primero la vida. Hay algo más: es ella quien pone en riesgo su salud para dar a luz: la salud física durante los nueve meses de embarazo —muchas deben permanecer en reposo, incluso el embarazo completo—; la salud mental en el período de posparto —en el que es habitual la depresión y hay algunas mujeres que han enloquecido—; y la propia vida en el parto —de hecho, son muchas las mujeres que mueren al dar a luz—. Entonces, los invito a una reflexión: ¿hay algo más que se le pueda pedir a un ser humano? ¿Acaso hay algo más grande que se pueda dar? No. Y por eso la madre siempre va a ser la "grande" frente a sus hijos, desde siempre y para siempre, y se la debe honrar como tal. Solo así se honra la vida que a través de ella nos llegó.

La honra es una reverencia tanto del cuerpo como del alma y es el movimiento necesario para que el amor que viene de los padres pueda fluir: quien ama y honra la vida, ama y honra a sus padres. Es un proceso de transformación que sucede en el alma desde lo más profundo; es un movimiento sanador.

Sin embargo, algo que parece tan simple de comprender, resulta una de las dificultades más comunes en las personas y el origen de muchos trastornos en la vida. Por eso esta es una de las primeras relaciones que se ordena en las CF y, por eso, es tan a menudo necesario que los consultantes hagan el movimiento de honra a sus padres.

En la amplia mayoría de los casos es a la madre, porque tal como dice Hellinger: *"Un hijo debe por supuesto hacer la reverencia ante su padre. Pero la reverencia más importante, la reverencia necesaria, es ante la propia madre"*.

El movimiento de honra en el campo consiste en arrodillarse a los pies de los padres e inclinar la cabeza hacia el suelo: al arrodillarse, se reconoce al otro como el grande y se reconoce la propia pequeñez frente a él. La inclinación de la cabeza hacia abajo, representa la entrega de nuestra mente, de nuestro ego a la tierra. Tal como se hace en muchas religiones frente a la imagen de la Divinidad, o los discípulos frente a la imagen del Gurú o Maestro espiritual: los brazos extendidos con las palmas de las manos hacia adelante representan el gesto de tomar el amor que se nos brinda, a la vez que la inclinación es una muestra de humildad frente a lo mayor, que en este caso serían los padres, pero que puede ser también otros ancestros, la Pachamama, un maestro espiritual, una fuerza mayor, etc.

El movimiento termina —la honra se alcanza— cuando la persona se endereza nuevamente y sigue su camino.

Dice Hellinger: "*La reverencia ante los padres es asentir a la vida tal como la he recibido, al precio al que la he recibido y al destino tal como está predeterminado para mí. La reverencia siempre va más allá de los padres. Es asentir al destino propio, a sus oportunidades y a sus limitaciones. Esa reverencia también es un acto religioso. La persona que ha hecho la reverencia de esa manera repentinamente está libre...*".

Tomar a la madre para tomar al hombre

"Quien toma el amor de la madre puede tomar el amor de una pareja."
BH

La madre, dadora de vida, es con quien se aprende lo que es amar: desde el vientre materno —a través del alimento que da, de la contención para desarrollar el cuerpo, de la posibilidad de respirar y de crecer— tendremos nuestra primera experiencia sobre cómo es esto de amar, que va a continuar de manera fundadora en los primeros años de vida. Es la matriz que después llevaremos a todo el resto de las relaciones y a la vida en general.

Pero hay una conexión más directa y lineal que todas las demás en ese amor que se aprende con la madre: en el plano del alma, el hombre es la madre. Esto quiere decir que es esa relación la que las mujeres van a reproducir con los hombres. Entonces, solo cuando se ordena la relación con la madre, se puede estar disponible para un hombre y es por eso que, como se verá, cada vez que hay un conflicto de pareja siempre en algún lugar, tiene que ver con el orden que falta alcanzar con la madre.

Sandra: el camino hacia el buen amor

Era la primera vez que Sandra (33) asistía a un taller. Sentía que con la terapia había llegado a un punto ciego y que, como lo había hecho toda su vida, solo conocía una manera del amor: tóxica, conflictiva, violenta.

"Decidí levantar la mano para poder constelar el tema que en ese momento de mi vida me angustiaba. Para mi sorpresa, me eligieron. Y de repente me vi contando frente a un grupo de personas que no conocía de qué modo, y desde hacía muchos años, sufría mis relaciones con los hombres. El punto de encuentro con una pareja siempre estaba dado para mí en el compartir problemas. No había armonía, las tensiones y las discusiones eran permanentes."

—Quiero saber por qué siempre me enamoro de hombres difíciles y establezco relaciones conflictivas.

Eligió a dos representantes, uno para ella y otro para su modelo de pareja. Sandra lo miraba con desprecio.

—¿Qué ves cuándo lo mirás?

—Veo a mi mamá —dijo Sandra.

"Era cierto. Yo estaba enojada y dolida con mi mamá. Crecí con la creencia que ella no me registraba. Eso me había llevado, tal como podía verlo ahí, a colocarme en un lugar distante y crítico de ella."

La representante de la mamá hizo un movimiento hacia atrás. Entonces Sara agregó a una representante más, que también dio un paso atrás. Frente a eso, agregó a una tercera. Como la mujer repitió el movimiento, agregó a una cuarta. Así desplegó en el campo una línea de cinco mujeres —Sandra, la madre, la abuela, la bisabuela y la tátarabuela—. Todas las hijas repitieron una marcada expresión de dureza y rigidez frente a sus respectivas madres.

Sara le pidió a la bisabuela que le dijera a su madre:

—Te rechazo. Yo te rechazo. Yo te ignoro. Yo te desprecio. Lo que me diste no es suficiente. Con la vida que me diste no me alcanza.

La representante repitió cada palabra con vehemencia, casi gritando, mientras asentía con la cabeza. Luego, esa ira se fue transformando en un profundo dolor y rompió en llanto. Sara se acercó y, con un movimiento suave, le inclinó la cabeza hacia abajo y le pidió que le hiciera una honra a su mamá. Y así lo hizo, mientras suspiraba en medio de sollozos. Recién entonces, después de incorporarse, de a poco pudo empezar a acercarse a su madre. Hasta que finalmente la tomó en sus brazos.

Sara le pidió que girara hacia su hija y le dijera:

—Nadie puede dar lo que no tomó. Y te di lo más grande: la Vida.

En ese momento, con la mirada ya más blanda, la hija le dijo:

—Recién ahora te veo. Gracias, mamá.

Después de estas palabras, la abuela hizo una honra a su madre. Tras incorporarse, se acercó y la abrazó rodeándole la cintura. Luego Sara la hizo girar y mirar a su hija. A partir de ahí se repitieron los movimientos en cada generación hasta llegar a Sandra.

La madre la miró amorosamente, sonriéndole, y le dijo:

—Yo soy tu madre. La grande frente a vos. Y vos mi hija, la pequeña frente a mí. Esto fue, esto es y esto será así por siempre.

Cuando ella pudo escuchar a su madre, Sara le pidió que le dijera:

—Ahora te veo y te tomo como a mi madre.

Sandra hizo una honra a su madre. Cuando se incorporó, se abrazaron por un largo rato.

"Fue impresionante cómo empezó a mejorar la relación con mi mamá: nuestra comunicación y, sobre todo, la expresión de cariño entre nosotras empezó a ser natural y cada vez más sincera e intensa."

Lo que cuenta Sandra acerca de que había llegado a un punto ciego en su terapia y eso la llevó a acercarse a las CF es un camino muy recurrente y tiene que ver con la dificultad de ver las cosas desde otro lugar. Es tan maravilloso como a veces un simple cambio de punto de vista lleva a transformaciones profundas en la vida.

Y así le sucedió: cuando pudo darse cuenta de que estaba equivocada y de que esa creencia de no ser registrada por su madre —con la que había convivido dolorosamente toda su vida— era falsa, fue como dar una vuelta completa al mundo: vio que, en realidad, era ella la que no registraba a su madre.

A partir de ese momento, el enojo y el rencor acumulado durante tanto tiempo y que, evidentemente, ella reproducía en relaciones conflictivas con los hombres, se transformaron en comprensión; y luego, la comprensión en gratitud.

En este caso, particularmente, se realizaron intervenciones "paradojales". Hellinger explica al respecto que "siempre está encerrado lo contrario y el consultante se da cuenta". Como cuando la bisabuela le dice a su madre "te desprecio" y "te odio": es una forma de decirlo en la que se trasluce la verdad, y es su coraza la que habla de su ira. Pero la paradoja nunca se logra, ya que la verdad se trasluce.

En las constelaciones, cuando un representante entra en sentimiento —como la bisabuela frente a su madre, que se conecta con la angustia—, es cuando comienza a producirse el proceso de sanación. Lo que se manifestaba como ira era en verdad, en lo profundo, dolor. ¿Y esto por qué sucede? Porque muchas veces hombres y mujeres a nivel inconsciente se defienden de hacer contacto con el dolor a través de la ira. Y esa ira se transforma en arrogancia. Ya que, aunque sea redundante y parezca una obviedad, el dolor duele. Entonces, de esta manera, se cree que puede evitarse. Pero no es así: permanece en el interior y lo único que se evita es que el amor circule.

Luego de ordenar la relación con su mamá y sus ancestras, Sandra quiso profundizar en el tema de los hombres: pero ya no en el tipo de parejas que elegía habitualmente, sino en la relación específica con su último novio. Se había separado hacía poco tiempo pero le costaba sostener la decisión. De hecho, ya lo había intentado en varias oportunidades, pero siempre terminaba volviendo.

"Era un hombre quince años mayor que yo, con cuatro hijos, dos matrimonios anteriores y numerosas convivencias. Me

resultaba atractiva su inteligencia, y me llenaba de viajes y de regalos. Pasábamos mucho tiempo con los hijos y yo estaba muy encariñada con ellos. Pero me costaba tener claridad en cuál era mi lugar: por un lado, quería que me mudara con él y me ofrecía tener un hijo, pero con la condición de que yo me hiciera cargo de todo. 'Yo ya tuve cuatro hijos', me decía. En el año y dos meses que estuvimos juntos, pasamos de un idilio a una relación excesivamente difícil porque cuando no estaba con él me llamaba todo el tiempo, me reclamaba presencia, se enojaba, le molestaba que me juntara con amigas, que me quedara una noche en mi casa, o que no tuviera ganas de hacer el amor. Esto último era un reclamo permanente. Yo me sentía asfixiada. Vivíamos discutiendo e incluso llegamos a la violencia física."

—Quiero saber por qué no puedo terminar una relación que me lastima.

La constelación comenzó con un representante para ella y otro para su pareja. Fue evidente entonces, por cómo se paraba frente a Sandra, que él la miraba como si fuera su propia madre.

"Cuando él era muy chico, su mamá lo había dejado con su padre y se había ido a vivir a otro país. El representante manifestaba enojo, demanda de presencia y miedo: era el reclamo de atención y protección de un niño a su madre."

Cuando eso quedó evidenciado, se puso a un representante para la madre de él. Ella giraba en el campo, en movimientos que denotaban locura, y él la perseguía de una punta a la otra. La quería agarrar, incluso retenerla y obligarla, con un poco de fuerza, a que ella lo mirara. En tanto, la representante de Sandra seguía parada, esperando que él también tuviera ojos para ella. Y agregó una representante para la madre de Sandra.

Luego de unos instantes, Sara le pidió a la representante de Sandra —quien observaba la escena con atención— que le dijera a él:

—A partir de ahora respeto tu destino y renuncio a la pretensión de salvarte. No está en mis manos y para mí es demasiado. Te doy las gracias y te dejo ir con amor.

Mientras decía esto, asentía con la cabeza. Sara la giró hacia su madre y le hizo decir:

—Querida mamá, a partir de ahora renuncio a la pretensión de salvarte. Yo soy solo tu hija y vos mi mamá.

"Sentía el impulso de querer ayudarlo, de salvarlo de ese sentimiento. Pude ver que lo que a él le sucedía, era su asunto y no el mío. Sin embargo, me sentía unida a él porque los dos esperábamos que nuestras madres nos miraran. Yo ya lo había visto en mí misma en la constelación anterior. Como yo, él tampoco podía mirar y aceptar a su madre. Eso era lo que no me permitía irme de su lado .Compartíamos esa desesperada sensación de querer salvar a la madre. Y esto es lo que me faltaba ver, lo que me restaba asociar. Y me quería quedar para ayudarlo, pero también porque no podía soportar que no me viera. Me desesperaba, hasta que entendí que era inútil quedarme esperando, que debía respetar su decisión y que yo debía tomar la mía. Lo hice con un gran dolor porque todavía estaba muy involucrada y tenía la esperanza de que la relación funcionara."

Después de todo ese movimiento, Sandra pudo separarse definitivamente y se reunió con su madre para contarle lo que le había pasado con esa pareja, las situaciones de violencia física y su necesidad de comprender por qué se sentía atraída por un hombre así.

"Fue conmovedor lo que pasó entonces: mi mamá me contó que ella también había tenido episodios de violencia con mi padre, durante su matrimonio, y que incluso una vez quedó en la cama a raíz de los golpes recibidos. Fue una verdad dolorosísima. Todavía hoy se me llena el corazón de angustia cuando lo pienso. Pero, al mismo tiempo, entendí que había algo en mí que me hacía repetir la historia de mi madre. Fue muy liberador poder escucharla. Lo hice en silencio, sin juzgarla, aceptando que lo ocurrido era responsabilidad de mis dos padres. Y, sobre todo, vi que tenía la posibilidad de decidir una vida diferente para mí."

Lo que Sandra pudo ver luego de estas dos constelaciones fue que su dificultad para relacionarse con los hombres de una manera sana tenía que ver con que su enojo —transformado en arrogancia— que no le había permitido tomar el amor de su madre. Y, aún más revelador, la constelación le mostró que el origen de eso que no permitía que el amor fluyera entre ellas venía de generaciones anteriores: la arrogancia ya se manifestaba en la bisabuela y se repetía hasta llegar a ella.

Cuando los hijos toman el lugar de los grandes frente a sus padres —estén vivos o muertos— crecen con la idea de tener autoridad o poder sobre ellos. Creen que pueden hacer las cosas en su lugar, decirles qué tienen que hacer o cómo deben hacerlo, intentar salvarlos de lo que les pudiera tocar vivir como parte de su camino. Lo intentan lograr en nombre del amor, sean conscientes o no. Como dice Hellinger, se trata de *"renunciar al anhelo de salvar a los padres"*. Es muy frecuente que esta proyección se realice también con las parejas, tal como Sandra lo intentó hacer con aquel hombre.

Eso lleva a una dificultad general para tomar la vida. Pero, sobre todo, cuando no es posible que este circuito se respete, lo que va a ocurrir es que ese desorden se va a expresar de alguna manera, en las relaciones afectivas. Una hija que aprendió a estar al servicio de la madre, es decir, a dar y no a tomar de ella, es muy probable que se enamore de alguien a quien tiene que cuidar.

Sandra, aunque en la superficie estaba enojada, sentía un gran amor por su madre. Tan grande era que en lo profundo mantenía con ella una lealtad invisible: luego de la constelación, cuando pudo hablarle a su mamá de la atracción por las relaciones violentas y ella le confesó el maltrato del padre, comprendió que al exponerse a hombres peligrosos lo que estaba haciendo era repetir el destino de su madre. Por lo tanto, tomar la propia vida será resultado de un proceso consciente.

Sandra encontró en esta constelación la punta del ovillo que la llevó a donde iba a llegar después.

Después de lograr separarse de esa pareja con la que tenía un vínculo sumamente tóxico, Sandra conoció a un hombre que le ofrecía una relación apacible, armoniosa, cuidada. Sin embargo, no se sentía a gusto en ese lugar.

"Era una paz desconocida para mí: ese tipo de hombres no existían en mi familia. No cerraba con la mirada que en mi casa había de ellos: siempre amenazantes, criticados, temidos. No encajaba. Y si no, era yo la que no encajaba en mi familia. Sentía como si tuviera que arruinarla."

—¿Por qué no me atrae el buen amor?

Sara puso a una representante para Sandra y otra para su mamá. La mamá se inclinó hacia atrás enseguida y entonces agregó a la abuela. Como ella repitió el movimiento, agregó a la bisabuela. Espontáneamente, la mujer dijo que no se sentía parte de ellas, y por cierto, era la única que estaba sostenida en sí misma, sonriendo con frescura y alegría. Era muy diferente la postura en relación a la abuela y su madre, que no tenían fuerza y no se podían sostener bien sobre sus piernas. En sus expresiones se veía tristeza.

"Mi bisabuela —a través de la línea de mi madre— fue una mujer hermosa, divertida, extrovertida: a principios de 1900, era bailarina, madre soltera de tres hijos de diferentes padres, y finalmente se casó con un hombre mayor, con una buena posición económica y que le dio el apellido a los tres, entre ellos a mi abuela. En la familia, siempre se la tildó de 'casquivana'. Ella había sido la única mujer que había podido tomar el amor de un 'buen hombre' y por lo tanto la única que escapaba de la mirada dominante sobre los hombres. Eso la había convertido en el objeto de las críticas familiares, que la miraban como 'liviana' y de 'moral ligera'".

El campo mostró con claridad cómo esa bisabuela era la única en toda la línea de mujeres que aparecía firme en su lugar. También era la única que sostenía como una madre a su hija. Le sonreía a Sandra y la miraba con buenos ojos. Había una atracción especial entre ellas.

Sara le pidió a Sandra que le dijera:

—Querida bisabuela: te agradezco por recordarme la alegría en el amor, la alegría de vivir. Y las tomo.

Después, miró a su madre y le dijo:

—Gracias, mamá. Por la vida, por tanto, por todo. Estoy orgullosa de ser una más de ustedes.

"Con esa imagen sentía que tenía un modelo para seguir dentro de mi propia familia y empecé a trabajar la idea de dejarse amar por un hombre para emprender una nueva decisión respecto a la pareja."

Pasado un tiempo, Sandra decidió hacer otra constelación de su relación con esa bisabuela.

"Adentro mío, sentía que era importante hacerlo, que había algo pendiente aún." Una vez representadas las dos en el campo, se reconocieron y abrazaron de inmediato. Sandra le hizo una honra y de esa manera la incluyó como miembro de su familia y su bisabuela la bendijo para que tuviera una vida feliz al lado de un buen hombre.

Sandra le dijo:

—Gracias por ser mi bisabuela. Honro y respeto tu destino. Valoro tu coraje y valentía para ser feliz, tal como lo has sido al lado de tu amor. Vos también sos parte, vos también pertenecés.

Y la bisabuela le dijo:

—Te agradezco por tu reconocimiento. Mi alma lo necesitaba. Y te recuerdo: los hombres son buenos. Y te colmo de bendiciones para que seas feliz junto a tu amor. Así es y así será.

"Después de esa constelación, el vínculo con mi pareja cambió radicalmente: empecé a disfrutar de la alegría y la unión en mi relación de pareja. A aceptar y a desear el buen trato, la invitación a compartir la vida sin conflictos. Empecé a sentir que ese mundo me pertenecía, y que yo pertenecía a él. Apareció un sentimiento completamente nuevo en mí: el sentimiento de merecer algo bueno al lado de un hombre. Hoy, mi pareja es el lugar de cuidado, de crecimiento, de compartir, de aprender, de ser yo en lo más profundo, incluso en lo que desconocía de mí misma. Siento que él me permitió saber quién yo era, y fue quien siempre me

amó por eso, aunque incluso yo misma no lo supiera. Hoy valoro su pureza de corazón, su mirada siempre positiva sobre la vida, su generosidad en los sentimientos, y la alegría que me transmite cada día. Pasé de que me moleste que me sonría por la mañana a darme cuenta que mi día no podría ser como es si él no estuviera ahí desde temprano recordándome lo importante."

Cuidarse, crecer, compartir, aprender. Sandra logró formar una pareja desde ese lugar con Leandro, a quien conocía desde que eran chicos e iban juntos a la escuela primaria. A los 10 él le había declarado su amor con un oso gigante que había comprado con sus ahorros. Después de no verse por años, a los veintitantos se reencontraron por casualidad en un colectivo y ella le contó que seguía teniendo el oso. Y a los 34, fue el encuentro definitivo.

A tres años de estar en pareja, y muy enamorada, empezó a preocuparla la dificultad para tener una buena conexión íntima; algo que al comienzo de la relación había estado presente.

—Nos amamos de una manera muy sana pero hay una desconexión en la intimidad entre nosotros.

Sara le pidió que eligiera un representante para ella y otro para su pareja. La representante de Sandra adoptó una postura infantil, aniñada, frente a la pareja: entrelazó sus manos con cierta timidez, daba pasos cortitos y la expresión de su rostro era tierna y pícara. Sara agregó a una representante como su adulto. La mujer miraba con desconcierto a su niña, como si la viera por primera vez.

Entonces, le hizo decir al representante de su adulto a la niña:

—Lo siento, recién ahora te veo.

Esas simples palabras calmaron a la nena, que esbozó una sonrisa y luego se acercó. Se abrazaron, giraron y juntas pudieron mirar a la pareja, que las estaba esperando.

Sara le pidió a Sandra que le dijera a él:

—Ahora te veo.

Y bastó solo eso para que ellas avanzaran unos pasos y se encontraran en un abrazo.

Para terminar, agregó a un representante delante, que los miró y les dijo:

—Los estoy esperando.

"Sin que nos dijeran nada supimos que era un hijo y tuvimos la certeza, además, de que era una nena. Ambos nos sonreímos, felices. Ella nos miraba con los brazos cruzados, en una clara actitud de espera. Tomados de la mano, hicimos un paso hacia adelante y la abrazamos."

Al poco tiempo, Sandra quedó embarazada y tuvo una nena.

"Aún estoy sorprendida por la alegría interna y profunda que me trajo a mi vida ese milagro."

Esta constelación muestra lo que ya hemos dicho: el alma lo único que necesita es reconocimiento y saber que también pertenece. Eso era lo que reclamaba y esperaba la bisabuela, y su exclusión era el origen de la dificultad de Sandra para poder disfrutar de "el buen amor". Al registrarla, reconocerla, honrarla y con ello devolverle su dignidad, pudo tomar de ella su fuerza como mujer y vio que sí se podía amar sin sufrir, que se podía amar con libertad y alegría, que los hombres también podían ser buenos. Y supo que no por vivirlo de esta manera, por considerar a los hombres buenos, iba a ser condenada como lo fue su bisabuela en su momento.

¿Por qué el "te veo" es una frase tan simple y al mismo tiempo tan profunda? Porque es despojarse de las imágenes previas, de las ilusiones, de las creencias, de las proyecciones, de los ideales; en definitiva de "lo propio", para dejar de ver en el otro a quien no es. En este caso, de no ver en el otro a la madre. Llegar a decir "te veo" es un propósito a alcanzar y casi siempre es resultado de un trabajo profundo de autoindagación, de autoconocimiento y de avanzar con el orden en el propio sistema.

Retomando los conceptos teóricos que esbocé al comienzo de este gran capítulo en la vida de todas las personas, insisto en las sabias palabras de Hellinger: *"Si no hay madre, no hay hombre (...) Cuando una mujer encuentra a un hombre, su necesidad más profunda es la de tener una madre"*. Y lo mismo pasa con el hombre en relación a la mujer, aunque para ellos el padre va a tener además una importancia particular que detallo en otro capítulo.

Darle a la madre su lugar, reconocerla en su grandeza y tomar su amor, es el camino hacia el encuentro con la pareja. Reeditamos con las parejas los modos vinculares que aprendimos con la madre. Inevitablemente sucede. Por eso la pareja es el espacio ideal para reconocer eso que aún está en sombra, lo que aún resta por ordenar.

Esta es una historia de amor hermosa porque muestra cómo desde este nuevo lugar en el que logró pararse Sandra, pudo registrar y ver a ese hombre que la estaba esperando desde que eran niños. Solo cuando ella pudo ir hacia él, se encontraron.

Cuando dos sistemas se encuentran

"La pareja no es una relación entre dos personas. Siempre son relaciones entre sistemas."
BH

Cuando dos personas se eligen, son dos sistemas que se unen. Y esto implica que el mérito más importante es que cada uno puede decirle "sí" al otro con todo lo que es y con todo lo que "hereda" de su sistema, tanto aquello con lo que se acuerda como con lo que no. Porque gracias a todo tal como ha sido en el sistema del cual el otro viene, esa persona es quien es. Y así se lo elige; así se lo toma. Ese mismo movimiento hay que hacerlo con uno mismo: asentir a todo tal como fue porque, si algo hubiera sido distinto, tampoco seríamos quienes somos. Solo de esta manera se es libre y se está disponible para poder construir algo propio como pareja.

Hellinger dice que la buena relación de pareja comienza con el reconocimiento de que uno necesita del otro y que "*desde ese reconocimiento cada uno permite que el otro le regale lo que a él mismo le falta (...) La culminación del amor en el sentido elemental se logra partiendo del mutuo reconocimiento de las carencias y de la disposi-*

ción de regalarle al otro aquello que le falta y de tomar de él aquello que a uno mismo le falta. Esa es la base de toda relación de pareja".

La relación que cada integrante de la pareja ha mantenido con sus padres es determinante para que en la relación de pareja fluya el amor. Cuando los hijos lograron tomar el amor de los padres, no van a buscar en la pareja —ni a reclamarle o esperar de ella— que sustituya lo que como hijo no se pudo tomar de ellos. Y en la medida en la que hayan sido capaces de tomar, serán capaces de dar.

El amor va a fluir si se es capaz de respetar el Orden de la compensación, que es el que rige estas relaciones: cuando uno da algo bueno se genera un desequilibrio que invita al otro a querer recuperar compensarlo para que vuelva a haber balance; así, la necesidad de dar surge y se retroalimenta, y con ella se sostienen la paridad y el bienestar.

Al contrario, cuando uno da más de lo que recibió se genera una ruptura en la equidad; en ese caso, no hay que seguir dando y hay que esperar a que el otro compense lo que resta para recuperar el intercambio. Si no, quien ha recibido más de lo que pudo dar se siente tan en falta que la relación se pone en riesgo. La compensación equilibrada es la clave para que una pareja tenga un buen pronóstico. Y el amor, por supuesto.

A propósito, el psicólogo español Joan Garriga —autor del libro *El buen amor en la pareja*— dice:

"Hay una razón poderosa que puede empujarnos a iniciar la tarea de restaurar el amor hacia nuestros padres: solo logramos amarnos a nosotros mismos cuando los amamos y honramos a ellos. En lo más profundo de cada uno, por más profundas que hayan sido las heridas, los hijos siguen siendo leales a sus padres e inevitablemente los toman como modelos y los interiorizan dentro de sí. De algún modo, conectan con una fuerza que los hace como ellos. Por eso cuando son capaces de amarlos, honrarlos, dignificarlos y respetarlos, pueden hacer lo mismo con ellos mismos y ser libres. Es muy sencillo: nos encadena lo que rechazamos y solo lo que amamos nos hace libres."

Y yo agrego: para amar y ser amados.

Desde un punto de vista sistémico y según las enseñanzas de Hellinger, en relación a la pareja es fundamental comprender que los padres son los que hacen "hombres" a sus hijos varones y las madres las que hacen "mujeres" a sus hijas. Por esto, las hijas que tienen relaciones conflictivas con sus madres y los hijos que tienen relaciones difíciles con sus padres es probable que tengan problemas en la constitución de una pareja en la que el amor fluya. De hecho, en mi experiencia puedo decir que esta es la causa principal de los fracasos amorosos: cuando los hijos son "hijos de la madre" —y rechazan al padre— y las hijas son "hijas del padre" y rechazan a la madre.

El "hijo de la madre" es el hombre que vive lo que comúnmente se llama el "síndrome de Peter Pan": adultos que siguen siendo niños y mujeriegos que van detrás de una y otra mujer buscando a la madre que nunca van a encontrar —porque madre hay una sola—; con frecuencia encuentran solos, ya que van detrás de esa ilusión —la madre—, a quien nunca van a encontrar en una mujer. Y "la hija del padre" remite a aquellas mujeres que están "hechizadas" por su padre: lo idealizan, lo ven como "súper poderoso"; por lo tanto, nunca van a encontrar a un hombre que pueda igualarlo y van a tener dificultades en las relaciones de pareja.

Por todo esto Hellinger sostiene que la pareja ideal es la que encuentra a una hija de la madre con un hijo del padre.

Por otro lado, las implicancias que los hijos e hijas pueden tener con los amores anteriores de los padres, con la intención de hacerles un lugar en el sistema —ya que también pertenecen— es otra de las causas de desorden que se puede encontrar.

Graciela: volver a estar disponible para el amor

Graciela (50) estaba en pareja desde hacía un año con un hombre que parecía ideal para su estilo de vida. Sin embargo, una incomprensible sensación de tristeza la acompañaba.

"Yo soy una mujer inquieta y positiva, muy dedicada a mi

profesión y a mi búsqueda personal. Con mi nueva pareja tengo una relación hermosa: nos divertimos mucho juntos y compartimos intereses en común, pero también nos respetamos los espacios individuales personales. A pesar de todo esto, me acompaña casi siempre esa sensación que no llego a comprender."

—Quiero constelar de qué se trata la tristeza que siento, especialmente, cuando estoy con mi pareja. En lo aparente, no hay nada que lo justifique, pero me pasa.

Sara le pidió que eligiera un representante para ella y otro para él. Apenas ubicados en el campo, la representante de Graciela dio cinco pasos hacia atrás y comenzó a llorar.

—Cinco pasos... Graciela, ¿tiene sentido para vos esto?

—Sí, hace cinco años terminé una relación con quien fue mi marido.

Sara giró al representante de su pareja actual, que quedó de espaldas al campo, y llamó a otro representante para su pareja anterior. Fue inmediato el reconocimiento entre ambos: a él se le llenaron los ojos de lágrimas y ella se acercó; se miraron con mucho amor, se tomaron de la mano y luego ella apoyó su cabeza en el pecho de él, del lado del corazón.

Sentada al lado de Sara, Graciela asentía con la cabeza y también lloraba.

—¿Qué sentís frente a esta imagen?

—Sospecho que nunca terminé de separarme realmente de ese hombre.

Luego de unos instantes, la representante tomó un poco de distancia. Sara le pidió que dijera:

—Gracias, gracias por todo lo vivido y por todo lo compartido tal como fue. Yo te amé mucho. Lo que te regalé, lo hice con amor. Vos también me has dado mucho y te lo agradezco desde lo profundo de mi corazón, Ahora, te dejo ir con amor para que sigas tu camino. Y yo voy a seguir el mío.

El asentía ante esas palabras. Y respondió:

—Tu gratitud es la mía, tu deseo es el mío. Por mi parte, también te dejo ir con amor. Tomo mi libertad y te dejo libre.

—La tomo—, dijo la representante de Graciela.

Entonces se abrazaron. Luego, ella giró hacia donde estaba su pareja actual —que también se dio vuelta— y, mientras tanto, el marido anterior se alejó en dirección contraria.

Sara le pidió que le dijera a la nueva pareja:

—Ahora te veo, y te tomo en mi corazón. Ahora te digo sí.

Él le sonrió y le extendió sus brazos. Ella lo tomó y se quedaron en un abrazo.

"Fue muy conmovedor ver, después de tanto tiempo, que ese amor que nos unió estaba ahí, mostrándose. Pude entender por qué sentía esa tristeza dentro de mí. Era importante soltarlo pero no me resultaba fácil. Lo cierto es que, al irme del taller, ya me sentía diferente, como si se hubiera abierto algo en mí. Unas semanas después, esa sensación de tristeza empezó a irse y pude disfrutar mucho más de mi pareja."

Es muy claro lo que le pasaba a Graciela: ella había podido empezar una relación pero, en verdad, no estaba disponible para un nuevo amor.

Porque cuando el alma se queda mirando hacia atrás, no puede tomar lo que se le ofrece; aun cuando, como en este caso, haya podido verlo. Es habitual que directamente muchas personas no puedan ver si hay alguien disponible por haberse quedado mirando al pasado en el plano del alma.

En estos años pude ver que situaciones como estas son la causa de muchas separaciones y divorcios.

Graciela recién pudo estar disponible para disfrutar de su pareja actual una vez que dejó de mirar hacia la anterior. Y eso solo ocurrió cuando fue capaz de hacer el duelo por aquella separación. ¿Qué era lo que le faltaba para lograrlo? Poder tomar: cuando dos personas no se pueden separar es porque aún les falta tomar. Como en este caso: a ella le faltaba tomar el amor, la gratitud; incluso el dolor, porque ella estaba evitando pasar por él. Pero eso no es posible: siempre que se termina una relación de pareja, es necesario atravesar un duelo. Y eso siempre implica dolor: solo metiendo el cuerpo en él se consigue, y eso requiere de tiempo, porque es un proceso. No se lo puede pasar por alto. Porque solo así se supera y se puede avanzar. Del duelo deviene la transformación.

Para Graciela, volver a sentir el amor que la unía a su pareja anterior fue sumamente fuerte; al igual que reconocer el dolor de que se hubiera terminado.

Me surge una frase de Hellinger que dice: "*¿Qué es más fuerte, lo que nos une o lo que nos separa?*".

Una vez que la constelación le reveló de qué se trataba y ella pudo asentirlo, Graciela recuperó la posibilidad de decirle sí al hombre que desde hacía un año la estaba esperando tan amorosamente.

Implicancia de la hija con un amor anterior del padre

"Si todos ellos son reconocidos
y yo les doy un lugar honroso en mi corazón,
yo me siento pleno.
Así al mismo tiempo soy liberado
de las cadenas del sistema."
BH

Todos nuestros amores, los de nuestros padres y los de nuestros abuelos pasan a ser parte del sistema; no importa cuánto hayan durado. Cuando se consumó el amor, se sella un vínculo que es indisoluble. Por lo tanto, tal como lo dice el Orden de la pertenencia, el alma familiar no va a tolerar la exclusión de ninguno de ellos. El problema es que los amores anteriores suelen excluirse, porque muy difícilmente se habla de ellos. Hellinger ha compartido una revelación que aparece en estos casos: cuando esto sucede, es posible que los hijos o nietos de la persona que excluyó un amor, se encarguen de incluirlo o incluirla. ¿Cómo? Por ejemplo, repitiendo su destino: si un amor de alguno de los padres fue abandonado, un amor del hijo va a abandonarlo en algún momento; uno o muchos, porque es probable que sea una experiencia que se le repita a lo largo de su propia vida. Esto es válido para las hijas, que quedan implicadas con un amor anterior del padre; y también para los hijos varones, implicados con un amor anterior de la madre. Cuando esta representación sucede, la consecuencia es la rivalidad: de las hijas con la madre y de los hijos con el padre. Porque ocupan un lugar que no les corresponde: la hija no puede posicionarse como tal frente a su madre, y la consecuencia es que no puede tomar su amor. Y lo mismo sucede cuando es el hijo varón quien está implicado con un amor anterior de la madre, rivaliza con el padre, y no puede tomar su lugar como hijo.

Estas historias son mucho más frecuentes de lo que se pueda imaginar y generan desórdenes que llevan a tener dificultades de pareja enormes.

Son dinámicas muy frecuentes en los hijos/as donde se juega la identificación con destinos que no son propios, con el único fin de hacerles un lugar, de incluirlos, de que sean parte aquellos que han sido sacados del corazón.

Verónica: "¿Por qué los hombres me dejan?"

Desde siempre, durante los casi 20 años en los que había estado en pareja con su marido, Verónica había vivido con una sensación de miedo a ser abandonada. En parte, el temor estaba justificado en que él la había dejado tres veces, la última recientemente. Pero antes de eso, e incluso en los momentos en los que estaban bien, no podía despegar de esa tensión que la dominaba.

"Me costaba mucho aceptar la realidad de que Matías me había dejado, aunque era la tercera vez que sucedía. Convivía con la sensación de que algo se interponía entre nosotros. Él se había ido un día a las apuradas, como si algo lo impulsara a salir corriendo. En terapia pude recordar que mi otro gran amor, el de la adolescencia, también me había dejado. Y los dos eran hombres que me amaban mucho."

—Quiero saber por qué los hombres me dejan. Hay algo que se repite y no comprendo.

—¿Sabés si hubo algún hombre en tu sistema que haya abandonado a una mujer?

—Sí, sé que mi padre antes de conocer a mi madre abandonó a una mujer de la que estaba enamorado en Nueva York. Pero no mucho más.

Sara le pidió que eligiera un representante para ella, otro para su padre y otro para esa mujer. Una vez en el campo, la representante de Verónica no dejaba de mirar el suelo. En tanto, el padre la miraba a ella y le daba la espalda a su amor. Entonces Sara agregó un representante para un hijo no nacido. Enseguida, la mujer se inclinó hacia ese hijo y lo reconoció. Y en ese momento, Verónica dejó de mirar a su padre.

—¿Sabe algo de este hijo? —le preguntó Sara al padre de Verónica.

—No, nada —dijo sin dejar de mirar a su hija ni por un instante.

Pero su mirada no era la de un padre a una hija, sino la de un hombre a una mujer. De hecho, la representante de Verónica decía sentirse incómoda e intimidada por la manera en que él la observaba. Sara agregó entonces a la madre.

Y le pidió a Verónica que le dijera al amor anterior de su padre:

—Te reconozco como una mujer en la historia de mi padre, pero yo nada tengo que ver con vos.

Luego le pidió que le dijera al padre:

—Querido papá, yo soy solo tu hija y la hija de mamá. A partir de ahora, dejo en ustedes lo que es de ustedes y los respeto. —Luego, frente a ambos, hizo una reverencia.

"Mi papá siempre tuvo una admiración muy particular hacia mí: destacaba mi belleza como mujer y decía que yo era su hija preferida. Yo también la tenía con él: me enojaba con mi mamá porque ella solía atacarlo mucho y yo sentía la necesidad de defenderlo. Siempre me metía en las discusiones."

Luego de un tiempo Verónica volvió a constelar. Como ya venía haciendo un trabajo personal a través de la lectura sistémica, hizo un planteo más directo:

—Quiero ver qué lugar ocupo en mi sistema.

Eligió un representante para su mamá y otro para su papá. Apenas se ubicaron en el campo, y antes de ser agregada una representante para Verónica, su mamá dijo que faltaba alguien y pidió por su hija. Entonces Sara colocó a una representante para ella a su lado.

El padre se manifestaba apenado y culposo, y trataba de acercarse a la madre. Pero la mujer, pegada a su hija, estaba muy enojada con él y no lo dejaba. En medio de esa dinámica, el representante del padre hizo un movimiento con los brazos cruzados sobre sus genitales que reveló la posibilidad de algún tipo de abuso. Entonces Sara agregó a un representante para el autor de ese supuesto abuso, a quien el padre le hizo un lugar y le dio su reconocimiento. El gesto además mostraba que ese hecho pertenecía a su infancia ya que su expresión se tornó en la de un niño.

"Recuerdo vagamente que alguna vez mi padre contó algo acerca de una historia así, vivida cuando él era pequeño."

Sara explicó el significado de esos movimientos y cómo el padre había puesto a su hija en el mismo lugar al que lo habían puesto a él de niño. Eso llevó a que la madre fuera cediendo en su enojo, mirara a su marido más comprensivamente, se acercara de a poco y finalmente terminara abrazada a él.

"Esa imagen me la llevo para siempre. Porque todo esto ocurría mientras mi mamá, que había tenido un cáncer, estaba cada vez más enferma. Unas pocas semanas después de la constelación, la mañana anterior a que mi mamá muriera, estábamos en su casa con mi papá y mi hermana menor. Mi mamá estaba un poco ida, con el cuerpo relajado como hacía años no la veía. Ya no ejercía resistencia, pero de pronto pidió por mi papá. Lo fui a buscar y ella le dijo que se acostara a su lado, bien cerquita. Mi papá la besaba y la acariciaba. Ella se dejaba. Fue un momento muy emocionante porque esa imagen se me había anticipado en la constelación. Qué sanador. Hasta que falleció mi mamá, al día siguiente, él estuvo a su lado; como su marido y su compañero de vida."

La historia de Verónica tuvo una vuelta más. Ya separada definitivamente, su hija viajó de vacaciones a Nueva York sola con su papá. El viaje coincidió con la agonía de su abuela. Allá, la nena se sacó una foto en un muelle del puerto en la que dibujó un corazón con el nombre de su abuela adentro y la envió.

"Fue muy impresionante cuando unos días después de la muerte de mi mamá, mi papá se sentó conmigo y con mis hermanos y por primera vez contó los detalles de aquella historia de amor con una mujer en Nueva York que había vivido en su época de marino. Durante diez años había navegado en un barco que hacía la ruta Buenos Aires-Nueva York. Y en una ocasión en la que quedó varado allá un tiempo, conoció a esta mujer y se enamoró perdidamente. Cuando el barco volvió a zarpar, a pesar de que él no quería separarse, se tuvo que ir sin ni siquiera poder despedirse: solo le dejó una nota. Tal fue la desesperación que a la semana regresó en avión a buscarla. Pero era tarde: sus amigos le dijeron que había quedado desconsolada y había desaparecido sin dejar rastro... Ese día también supimos, y fue por eso que mi papá finalmente se abrió a hablar, que la foto que mi hija se había se había sacado para mandarle a mi mamá era exactamente en el muelle del que su abuelo partía con su barco en cada viaje."

Verónica descubrió que sus dificultades de pareja y esa amenaza de abandono con la que convivía no le correspondían a ella sino a un gran amor que su padre había abandonado muchos años antes de que ella naciera y de que se casara con su mamá.

Sin saberlo, cada vez que era dejada por los hombres que la amaban —y a los que ella seguía esperando, tal como le había ocurrido a aquella mujer—, le hacía un lugar en el sistema. De aquí la dificultad en la relación con su madre, porque es natural que surja una rivalidad con la hija cuando ella es vista como "la otra mujer" del padre. Verónica nunca había podido ver eso antes de esa constelación, pero una vez que lo supo pudo evidenciar esa mirada del padre analizando fotos familiares.

Esta revelación no siempre es fácil de aceptar, pero las CF ayudan a comprender. Y Verónica pudo ver que su padre en realidad estaba actuando lo que había padecido: él provenía de una historia de abuso infantil. Vale aclarar acá que no tiene necesariamente que ver con una relación sexual consumada, sino con situaciones donde hay una carga erótica sobre el niño que es naturalmente vivida como abuso; porque, como es obvio, un niño no está preparado psicológicamente para procesar esa clase de estímulos.

Toda esa información le permitió a Verónica transformar el enojo en comprensión y compasión. Pudo darse cuenta que no fue por falta de amor que el padre no la registraba como hija, sino que fue por lealtad a su sistema y que aquello se mantuvo como secreto.

Los secretos al nivel del alma son un tema central en las CF: no se mantienen ocultos con malas intenciones sino que es para perpetuar las reglas y valores que tiene cada familia. El tema es que el secreto conlleva siempre una exclusión y, por lo tanto, un desorden; que, en este caso, se equilibra a través de la identificación en el destino. Así es como el perpetrador pasa a tener su lugar en el sistema.

En este caso, el secreto fue mostrado. Pero muchas veces sucede que el secreto no es develado porque el alma familiar no lo permite y, por lo tanto, los representantes no pueden tomar esa información. En estos casos, es porque eso que se mantiene en silencio, lo secreto, siempre está a favor de la vida.

El largo trabajo de Verónica en los talleres le permitió llegar a lugares muy profundos, vitales para la comprensión de que, más allá de todo, el amor siempre estuvo. Y cuando logró ver eso, todo cambió: su frase "esa imagen me la llevo para siempre" expresa ese poder de las imágenes sanadoras en la transformación. Porque quedan registradas y llegan al corazón.

El amor interrumpido

*"La interrupción más dolorosa
es el movimiento amoroso
que se dirige hacia la madre."*
BH

Se trata de historias en las que el amor con los padres, por cualquier razón, se interrumpió a una edad temprana. Ya sea por un tiempo corto o por un período prolongado, cuando un niño pierde contacto con alguno de sus padres, se produce una separación que tendrá efectos a lo largo de su vida. Hellinger lo explica de esta manera:

"Cuando una persona cuyo movimiento amoroso hacia la madre o hacia el padre fue interrumpido muy tempranamente, más adelante quiere ir hacia otras personas, en especial hacia una pareja, en el cuerpo surge el recuerdo de la interrupción temprana, y sube el dolor. Entonces, en lugar de que esa persona vaya hacia el otro comienza un movimiento circular. En aquel punto en el cual podría avanzar, dobla hacia la derecha o hacia la izquierda y vuelve al mismo punto. Allí surge nuevamente el miedo, vuelve a girar y vuelve a llegar al mismo punto. Por lo tanto la solución de ese tipo es que el movimiento amoroso interrumpido sea llevado a cabo retroactivamente".

Esto quiere decir que para llegar a la solución, tiene que existir una separación.

Cuando se habla de amor interrumpido, no son solo aquellos casos en los que la separación es muy prolongada o directamente se pierde a uno de los padres, que son los más evidentes. Hay muchos otros hechos que tal vez no se los considera como tales —como pueden ser nacimientos donde hubo una separación con la madre por causas clínicas— una internación, una enfermedad o ausencias por diversos motivos; incluso pueden ser sentimientos fuertes de rechazo, que no llegan a ser interrupciones pero que dejan una huella en el plano del alma y generan este movimiento circular que describe Hellinger. Porque solo con hechos como esos, lo natural en el niño, que es ir entregado y confiado hacia sus padres en busca de su sostén afectivo y emocional, ha quedado cortado en algún instante o etapa.

Esto es aún más fuerte cuando la interrupción sucede en el contacto con la madre, porque naturalmente el flujo de amor entre madre e hijo es fundamental desde la gestación y por lo tanto la separación es mucho más traumática: "Es un dolor inmenso para el niño", dice Hellinger.

Mirta: la reconexión con su madre

Mirta (50) había sido buscada por sus padres durante diez años. Era un embarazo feliz hasta que, a los ocho meses, la enfermera rompió la bolsa de su madre mientras le hacía tacto y se produjo un nacimiento traumático. Eso la dejó durante más de una semana en incubadora, sin el tan fundamental contacto físico con su madre en sus primeros días de vida, y le generó toda una serie de complicaciones de salud que produjo en sus padres el pánico a perderla.

Durante su primer año de vida, Mirta lloraba día y noche sin motivo aparente. Había nacido con poco peso y su madre no se animaba a bañarla, por lo que lo hacían su padre y sus tías.

Luego, a los 3 años, tuvo un falso crup que volvió a ponerla en riesgo y a generar el pánico de sus padres a perderla. Además, en la infancia le costaba comer —no quería tragar y podía estar con un bocado de comida en la boca durante una hora o más—, y a los 5 o 6 años empezó a tartamudear.

En la adultez, su vida amorosa había repetido una variable: desde que a los 20 años ella había abandonado a un gran amor luego de que le propusiera casamiento, sus relaciones se interrumpían una y otra vez; sea por decisión de ella o del otro, siempre terminaban en un corte abrupto. Así fue hasta los 24 años, cuando se enamoró, pudo formar una pareja y tuvo una hija. Todo parecía ir bien esa vez, pero la relación empezó a desgastarse luego del nacimiento, hasta que finalmente se rompió. Los seis años siguientes a esa separación, sumamente dolorosa, solo tuvo intentos fallidos de relaciones. Y en ese momento asistió a un taller de constelaciones por primera vez.

"*Después de un tiempo de trabajar sobre mí, en una ocasión me llamaron para representar a la madre muerta del hombre que estaba constelando.*"

La escena era la siguiente: el hijo estaba sentado frente a ella, que se acostó sobre el suelo, en la posición de un muerto.

"*El hombre me tocó la yema de los dedos y, de golpe, empecé a sentir un calor tremendo: comenzó en las manos y me inundó todo el cuerpo. Sin dejar de representar a esa madre muerta, me retrotraje a los primeros días de mi vida: yo, recién nacida, en una incubadora y mi madre, afuera, tocando con sus manos la campana transparente que me cubría. Era como si ella y su amor, ese calor del amor de la madre, hubiera podido lograr en ese momento lo que no pudo cuando era bebé: traspasar esa barrera y llegar hasta mí.*"

Con esa sensación recorriéndole el cuerpo, Mirta se quebró y empezó a llorar.

"*Es difícil de explicar, pero fue como si me devolvieran algo que me faltaba desde que nací: el contacto con el amor de mi madre. Fue la primera vez que no solo vi mi dolor, sino el de ella; no solo mi desesperación, sino también la suya. Vi su mirada, tan llena de amor hacia mí. La sentí. Yo sabía cuánto me había buscado y las angustias que había pasado por mi salud. Yo estaba segura de su amor, porque me lo demostraba con sus acciones todo el tiempo, pero nunca lo había sentido en cada célula de mi cuerpo como ese día."*

Pocos días después, Mirta recibió un llamado de su madre que —sin saber nada de la constelación— le dijo: "Hija, me di cuenta de que nunca te llamo para decirte cuánto te quiero. Más de una vez pienso en cómo estarás, qué estarás haciendo y te extraño. Pero hoy necesité llamarte y decírtelo".

"Solo le dije 'Gracias, mamá'. Así me salió del corazón. Fue el primer movimiento de reconexión en mi vida. A partir de eso, seguí asistiendo a los talleres y trabajando mi línea materna. Pude darme cuenta de que todo el trabajo personal que venía haciendo fue la preparación para ese movimiento logrado. Todo cobró un nuevo sentido. Así supe que mi sistema estaba atravesado por historias de amor interrumpidas por las guerras, las pérdidas, las migraciones y la muerte. Hoy la relación con mi mamá ha sido totalmente transformada. La siento permanentemente en mí, nos expresamos lo que sentimos todo el tiempo y, cuando la miro, la admiro. Si algo agradezco a la vida es la madre que me ha dado. Y lo único que me surge decirle todo el tiempo es: 'gracias'."

Cuando se interrumpe el amor entre una madre y un hijo —que en la gestación fluye en forma constante—, cuando por razones médicas tiene que haber una separación, cuando hay tanta muerte en el momento en el que un ser todo lo que necesita es tomar la vida; ese movimiento se va a recrear cada vez que el amor toque a la puerta. Porque es el movimiento conocido, lo familiar.

Eso hacía Mirta desde pequeña: actuaba la interrupción cuando, por ejemplo, no podía tomar el alimento. Al no querer comer, lo que hacía era rechazar el amor de la madre. Es el rechazo como defensa del dolor. Lo mismo en ese llanto que, sin causa conocida y aparente, la acompañaba día y noche. Era un mecanismo para llamar la atención. Y, más adelante en su vida, la interrupción se expresaba cada vez que el amor llegaba a su vida.

La experiencia de los recién nacidos que deben permanecer en incubadora fue especificada por Hellinger: *"El niño prematuro en incubadora vive un dolor muy profundo de separación; dolor que vuelve más tarde en su vida de adulto: cada vez que quiere ir hacia alguien su movimiento de amor se interrumpe, cada vez que ama a alguien entra en movimiento circular de ir hacia y volver al principio, al sentimiento de abandono profundo que vivió al nacer".*

Entonces, en vez de tomar con naturalidad a sus padres, ese niño comienza a acorazarse, a defenderse, a no hacer contacto con el sentir, con la necesidad de alguno de ellos. A medida que transcurre la vida, ya adolescente o adulto, cada vez que el amor llega se produce un movimiento de aproximación en el que aquella memoria se recrea, se reactiva. Ya sea, como dice Mirta, interrumpiéndolo uno o actuándolo el otro. Las reacciones de aquella memoria aparecen en algún momento; hay de ella tanto un registro corporal como un registro inconsciente.

Además, esa memoria puede traducirse en tensiones musculares generales y en emociones tales como resignación, apatía, ira, rabia, etc.

Puede pasar que, en función de querer lograr la continuidad de la relación inconscientemente se tomen decisiones contrarias a ese deseo: que se retenga, se reprima y se atente contra él. Porque cuando surge el amor, surge aún más el dolor.

En estos casos, la solución será volver al instante de la interrupción y llevar a término el movimiento interrumpido con todo el dolor que en aquel momento se sintió; por la razón que haya sido. La solución se logra solo si se da un paso más hacia delante: esto es volver a poner el cuerpo donde se originó el dolor.

Hellinger dice: *"El sufrimiento es más fácil que la solución".* El tema es que no alcanzan el entendimiento, la interpretación o la lectura de lo que ha sido; tampoco la aceptación del dolor y de los padres. Se trata de liberar estas emociones y sentimientos que quedaron habitando el cuerpo: los dolores, sufrimientos, congelamientos, miedos, defensas.

Fue lo que pudo hacer Mirta en esta constelación: esa representación le permitió a ella meter su cuerpo en el lugar del dolor y recrear aquellos instantes en los que la interrupción se dio; atravesar otra vez aquel registro corporal y reconectar con ese amor que no había podido tomar. Todo está inscripto en algún lugar y para superarlo hay que meterse en ese máximo dolor y entregarse con la inocencia del momento en el que se sintió, tal como aquí sucedió. De esta manera, cada vez que se reedita este circuito afectivo en una relación, si uno se anima a sostener el dolor de lo que sucedió sin retirar el cuerpo, en algún momento se registrará como lo que es en lo profundo: solo amor. A partir de ese momento es posible construir relaciones más saludables, sin interrupciones y que fluyen de manera natural. Solamente en un trabajo consciente de limpieza de esa memoria, el encuentro con el otro puede resultar seguro y confiable. Y la entrega volver a suceder.

Pasado un tiempo de aquella constelación en la que fue convocada como representante, Mirta empezó a sentir que había quedado algo pendiente con el padre de su hija. Las veces en que tenía noticias suyas, se sentía movilizada. A eso se sumaba su dificultad para entablar nuevas relaciones e intentar otras posibilidades. Así que decidió constelarlo. Sin embargo, fue a dos talleres seguidos y no la elegían.

"En uno de esos talleres otra participante fue llamada a constelar y planteó el mismo tema… Fue tal el trabajo que hice sobre mí que pude ver que lo pendiente con él era decirle, como a mi mamá, 'gracias'. Eso solo ya produjo en mí una transformación. Y aún no había sucedido lo más fuerte."

Al jueves de la semana siguiente en un encuentro con el padre de su hija, por primera vez desde que se había separado seis años antes, Mirta no sintió rechazo frente a ese hombre.

"Como si algo se hubiera disuelto, como si una barrera hubiera desaparecido. Antes, cada vez que lo veía, mi cuerpo reaccionaba echándose hacia atrás. Pero esa vez fue diferente."

Luego de ese encuentro, Mirta y el padre de su hija volvieron a estar juntos. Y decidieron constelar su relación.

"Nos hicieron elegir un representante para cada uno. Una vez en el campo, mi representante dio el primer paso hacia él; en seguida, él hacia mí. Así, paso a paso, nos fuimos acercando de una manera natural hasta que nos abrazamos. Fue conmovedor escuchar cómo mi representante, de manera espontánea, lo miró a los ojos con amor y le dijo: 'Gracias'. Fue un movimiento completo en mí, que me abrió la posibilidad de comenzar a escribir una nueva historia con él o concluirla con amor. Eso fue lo que ocurrió cinco años después, cuando pude despedirme deseándole lo mejor de corazón a ese hombre con el que en total había pasado 23 años de mi vida."

Ese "gracias" que la representante de Mirta pudo finalmente decirle al padre de su hija en la constelación, nació desde lo profundo del corazón. Y solo fue posible porque ella previamente había podido decirle "gracias" a su madre. Esta palabra, que es una de las que llamamos "mágicas" por su capacidad de devolver el orden, remite a la gratitud de asentir a todo tal como fue, a la vida que llegó a través del otro en la forma de los hijos, al aprendizaje y la construcción de uno que se hizo a través del otro, a ser quien se es gracias a que el otro fue quien ha sido, y tantas cosas más. Decir gracias, entonces, es darle al otro el reconocimiento.

En una de las visitas de Hellinger a la Argentina, en 2010, escuché una de sus frases más hermosas. Luego de una CF dijo: "El karma solo se disuelve en amor". Porque únicamente desde allí, desde el corazón y a través de un "gracias" sincero y profundo, se puede tomar o se puede soltar al otro. Si no, uno se queda siempre mirando hacia atrás —en el plano del alma—, como si tuviera un hilo atado al tobillo que lo une al tobillo del otro, sin poder ver lo que es presente, lo que está por venir.

"¿Qué ocurre dentro de nosotros cuando le agradecemos algo a alguien? ¿Qué ocurre en él? Agradeciendo reconocemos que el otro nos ha hecho un bien, sobre todo cuando nos ha dado algo que necesitamos para vivir, algo que lleva nuestra vida hacia delante. Y también cuando añade algo a nuestra vida, algo que la embellece y la hace más fácil (...) Con la gratitud, reconocemos al otro por los que nos da, y también por lo que eso significa para nosotros."

Esto que explica Hellinger es lo que le restaba hacer a Mirta. Lo más difícil para las parejas suele ser separarse con amor y, al contrario, lo más fácil es hacerlo desde las proyecciones, el enojo, la bronca y el rencor. No es el camino ideal pero a veces es el posible. El problema es que, de esta forma, solo se consigue un escape y una forma ilusoria de ponerle fin a una relación.

En realidad, la solución siempre llega desde el amor. Solo desde ese lugar, con reconocimiento y gratitud, es posible hacer un giro y mirar enteramente hacia adelante. Ese movimiento muchas veces se traduce en una separación, pero también puede llegar a significar la oportunidad de un nuevo comienzo.

Cuando una relación se construye a partir de historias que vienen de una experiencia de amor interrumpido, no solamente aparece el fantasma de que algo se interrumpa, sino también la dificultad para dejar y cerrar una relación; para soltar. Porque es natural que todo lo que se relaciona con la posibilidad de repetir esa separación genere un tremendo dolor.

En el libro *El buen amor en la pareja*, Joan Garriga dice:

Un proceso de ruptura concluye cuando...

... podemos mirar atrás con paz y alegría;

... logramos apreciar y agradecer lo que vivimos y aprendimos en nuestra anterior relación;

... le damos internamente las gracias a nuestras anteriores parejas por lo que fue posible y lo que nos aportó;

... podemos darle el reconocimiento que merece como una relación importante para nuestra vida;

... reconocemos el amor que hubo y lo guardamos como un regalo;

... somos capaces de dejar libre al otro y desearle lo mejor y hacernos nosotros libres y también desearnos lo mejor;

... alojamos al otro en el lugar interior de los vínculos significativos en nuestra lama y pasa a formar parte de la narrativa que configura y da sentido a nuestra vida.

Marcela: cuando el amor no fluye en el matrimonio

Con 55 años, Marcela llevaba más de treinta de un matrimonio en el que había amor, pero era siempre muy problemático.

"*En cualquier momento algo pasaba y peleábamos: a veces por temas que lo justificaban, a veces por nada; por cualquier cosa. Para mí era terrible y no podía entenderlo. No me podía relajar. En más de una oportunidad pensaba que la separación era la única alternativa y pensar en eso me daba seguridad. De hecho, dos veces me fui de casa con nuestra hija. Yo le decía que no quería eso para nosotras. Pero él estaba acostumbrado, porque su papá siempre se había relacionado así con su mamá. La peor época fue cuando la nena era adolescente.*"

Con su hija ya adulta y emancipada, Marcela sintió que era el momento de intentar mejorar una relación que no le gustaba pero por la que todavía tenías ganas de luchar, aunque a veces creía que nunca iba a poder modificarla. No se acuerda bien cómo ni cuándo, pero un día cualquiera escuchó la palabra "constelación".

"*Me quedó grabada. Empecé a buscar información en Internet y en libros, hasta que di con el taller de Sara. Quería ver las cosas de otra manera. Sentía que siempre miraba los errores de los demás y jamás veía los míos. Y evidentemente eso no había servido de nada. Desde el primer día, como participante, aprendí cosas que me cambiaban todo lo que creía hasta entonces. Lo primero fue a honrar a mi madre: solo con tomar conciencia de eso, mi relación con ella se modificó. También mi hermano, que siempre había tenido problemas, empezó a mejorar. Fue impresionante notar que mi vida iba tomando un giro positivo y sanador.”*

Después de un tiempo pudo constelar. En cada taller levantaba la mano, pero no era convocada.

“De todas maneras, siempre me llamaban como representante y eso iba enriqueciendo mi aprendizaje... Aunque seguía con muchas ganas de constelar y la oportunidad no llegaba, después comprendí que esa espera tuvo total sentido ya que cuando mi constelación sucedió, si yo no hubiera trabajado durante ese tiempo, no habría estado lista para tomar todo lo que la constelación me pudo dar.”

—Quiero constelar la relación con mi marido: estamos juntos hace muchos años, pero no logramos una estabilidad. Hay algo que lo impide.

Marcela eligió un representante para ella, otro para su marido y un tercero para la “falta de estabilidad”. Muy rápidamente, todos tomaron una posición en el campo: ella se acostó en el piso boca abajo, el marido quedó a un costado en posición de observador y la “falta de estabilidad” se sentó, empezó a llorar y a hacer un movimiento de oscilación como si acunara a un bebé en brazos.

—Marcela, ¿reconocés esta imagen? —preguntó Sara.

—Sí. Es mi mamá conmigo en brazos en el hospital. Yo nací con una estrechez congénita por la que fui operada 15 veces cuando era muy chica: estaba bien un tiempo, desmejoraba, me volvían a operar. Esa mujer acunando a un bebé somos nosotras.

—¿Sabés de qué origen era tu mamá?

—Sí, ella emigró desde Italia hacia la Argentina. Pero nunca había querido venir. Es más, ella siempre se culpaba por mi enfermedad y decía que tenía que ver con esa historia.

“Ver que la falta de estabilidad era mi madre acunándome fue sumamente fuerte. Fue ver cómo, más allá de las circunstancias que lo interrumpieron, su amor siempre estuvo. Fue hermoso ver el amor con el que la representante de mi mamá miraba a la mía.”

Sara le pidió entonces que ingresara en el campo y tomara el lugar de su representante. Fue hacia los brazos de su madre como si fuera ese bebé a quien la mujer nunca dejó de acunar. Así permanecieron durante un tiempo; se miraban, se sonreían, y Marcela le acariciaba el rostro reconociéndola, como si la estuviera descubriendo. De manera lenta y suave, en el tiempo necesario, mientras le cantaba una canción de cuna a su hija, la mamá fue aquietando su movimiento oscilatorio y la reconexión entre ellas fluyó.

Entonces Sara le pidió que le dijera:

—Querida hija, todo salió bien.

Marcela asintió con la cabeza y terminaron las dos fundidas en un gran abrazo, lleno de paz y amor.

"Fue una imagen hermosa y una sensación que por primera vez tenía. Si bien siempre mi madre me cuidó mucho y me dio todo su amor, yo no podía sentirlo, menos tomarlo. La enfermedad y las internaciones habían generado en mí mucho dolor y sufrimiento. A veces me sentía triste y otras me enojaba con mi mamá. Poder ver en la constelación el profundo amor que nos unía, y sentirlo en mi cuerpo, me permitió hacer contacto con ella."

Cuando terminó el abrazo, Marcela se incorporó, miró a su marido, y avanzó hacia él con un impulso repentino. Mientras le decía:

—Querido esposo, querido esposo.

Y el representante de él susurraba bajito:

—Querida esposa, querida esposa.

Al encontrarse se tomaron y permanecieron abrazados.

"Hace ya varios meses de esto y mi relación con mi marido cambió radicalmente: somos compañeros y ya no tenemos esos altibajos extremos. De a poco construimos una relación mucho más estable. Es sorprendente porque él nunca quiso acompañarme a los talleres y, sin embargo, también ha cambiado."

El caso de Marcela evidencia cómo la forma de amar aprendida con la madre se traslada a la pareja. El campo mostró de una manera lineal que ella recreaba en su pareja esa modalidad afectiva que había tenido con su madre a raíz de sus problemas de salud. Cada vez que Marcela entraba a un quirófano, el flujo del amor entre ellas se interrumpía. De ahí la tristeza y la ira: no eran más que el amor que no podía llegar a su madre.

Dice el médico y facilitador alemán Stephan Hausner, especialista en CF con enfermedades y síntomas: "*Cuanto más pronto se dé la separación y cuanto más larga sea, más difícil es para el hijo volver a emprender el movimiento hacia la madre siguiendo un impulso propio. En general, no se logra sin ayuda externa*".

Por lo tanto, casarse con un hombre que por sus propias lealtades la invitaba a recrear esa idea de que la relación en cualquier momento se podía terminar, era lo esperable. De hecho, Marcela decía que la fantasía de la separación le daba seguridad. Porque su esposo no hacía más que reflejar su propia falta de disponibilidad, su no entrega con el único objetivo de no volver a pasar por ese lugar de sufrimiento conocido. Al elegirlo evitaba correr el riesgo de repetir la pérdida.

El caso de Marcela nos recuerda que, siempre, todo cambio y toda transformación están dentro de uno. Solo se trata de una decisión.

Sentimientos adoptados

"La persona queda liberada cuando se manifiesta de quién o para quién ha adoptado ese sentimiento."
BH

¿Cuántas veces convivimos con sensaciones y emociones que no se corresponden con nuestra vida? ¿No les ha pasado nunca de tener una vida plena y sin embargo sentirse tristes? ¿O temer a las pérdidas sin nunca haber perdido nada significativo?

Esto tiene que ver con tomar como propios sentimientos que son ajenos y que nos condicionan sin que podamos darnos cuenta. Se llaman "sentimientos adoptados" y se trata de identificaciones con alguno de los miembros del sistema —vivos o muertos—.

Las CF permiten reconocerlos y mostrar a quién pertenecen. De esta manera, quien cargaba con un dolor, un miedo o una angustia —entre otras emociones— ajenos, queda liberado. Y así, al retornar a cada uno los sentimientos que construyeron sus destinos y que le dieron sentido a sus propias vidas, se les devuelve su integridad y su dignidad.

CRISTINA: DE LA TRISTEZA AJENA A LA FELICIDAD PROPIA

Cristina estaba casada desde hacía más de 30 años, tenía la familia que siempre había soñado y una vocación convertida en profesión que le daba muchas satisfacciones. Sin embargo, convivía con una tristeza enorme en su interior para la que no encontraba explicación alguna.

—Quiero constelar una sensación aguda de tristeza que siento en el pecho desde hace dos años sin un motivo puntual —dijo.

Eligió una representante para ella y otra para su sensación. Apenas ingresó en el campo, su tristeza empezó a mirar hacia otro lado y avanzó tres pasos, mientras la representante de Cristina se quedó de pie en su lugar. Ese movimiento evidenció que la sensación no le correspondía a ella, sino a una mujer de tres generaciones antes. La tristeza pasó a pertenecer a su bisabuela.

La representante estaba dura, inmovilizada, casi sin respirar, con un rictus desesperanzado y una parálisis en toda su expresión que evidenciaba —por lo menos— un dolor muy grande en su vida.

—¿Cuál es el origen de tu familia materna? —preguntó Sara.

—Italia —respondió.

Apareció entonces con claridad la historia de su bisabuela materna, que había llegado a la Argentina después de la guerra arrastrando el dolor de padecimientos y pérdida de seres queridos. Se veía a su representante con el cuerpo inclinado hacia atrás, como si algo la retuviera en el pasado.

Frente a esta imagen, Sara le pidió a Cristina que eligiera un representante para el origen de su bisabuela, Italia, y otro para la nueva tierra a la que había venido, Argentina. También agregó a un representante para la abuela y otro para la mamá —toda la línea de mujeres hasta llegar a ella—.

La bisabuela miraba a los pies de Italia y Sara agregó a tres representantes para los muertos que allí quedaron. La mujer solo tenía ojos para ellos. Otra vez, todo sucedió de manera simple y precisa: la representante de Cristina miró a esas mujeres como si fuera la primera vez. Y a pedido de Sara, dirigiéndose a su bisabuela, dijo:

—Querida bisabuela, hasta ahora llevé tu dolor, tus pérdidas y tu destino. A partir de ahora, lo dejo en tus manos y de esta manera, te devuelvo tu dignidad.

Luego les hizo una honra a todas ellas, especialmente a su mamá. Y se abrazaron.

"Fue un abrazo como nunca había tenido con ella en esta vida. Me fui de ahí con una sensación muy nueva. De a poco, el pecho se me fue liberando y nunca más sentí esa tristeza que me oprimía."

La constelación fue para Cristina el puntapié para iniciar una terapia y trabajar lo que había aparecido en el taller. Fue el primer paso en un proceso de gran cambio.

"Me di cuenta de que si quería que algo cambiara, tenía que tomar una actitud diferente a la de mis ancestras, que habían mantenido secretos para sobrevivir a tanto dolor: sentía que tenía que empezar a abrir muchas cajitas donde había ido guardando cosas a lo largo de mi vida."

El campo fue muy claro: apareció enseguida esa bisabuela que había sufrido y perdido mucho en Italia en la guerra. A medida que la constelación se desplegaba, Cristina pudo desenredarse de esa sensación de tristeza que no le correspondía. Era evidente que aquella alma nunca había dejado de mirar a sus muertos por la guerra y no había podido jamás estar disponible para su vida en América. Su cuerpo inclinado hacia atrás denunciaba que una fuerza del pasado la convocaba, la retenía y la llamaba.

Los estados de congelamiento como el de la bisabuela son consecuencia de un hecho traumático que impidió que una acción o un movimiento se realizara. Son estados que defienden de hacer contacto con algo que sería muy desestructurante para la persona, porque podrían llevar a una desorganización mayor, y el inconsciente se preserva así.

Recuerdo la claridad con la que la representante de la bisabuela estaba mirando al suelo en busca de muertos. La misma evidencia con la que quedó demostrado que Cristina estaba implicada en ese sentimiento de tristeza por tantas pérdidas que no le correspondían.

Una vez más se corroboró que lo único que le hacía falta a ese alma era reconocimiento: en su grandeza, por haber enfrentado la vida y, aún más, por incluso haber sido tan valiente para dar vida después de todo lo sufrido. Ya con eso, una vez reconocida la bisabuela, la representante de Cristina manifestó desde lo corporal, y también con palabras, sentirse aliviada inmediatamente.

Esto es así de claro: cuando uno como descendiente deja a sus ancestros lo que les corresponde —sea su dolor, sus muertos, sus pérdidas—, lo que se le devuelve es el reconocimiento, la dignidad y la entereza. Porque, más allá de lo tremendo del sufrimiento que pueda haber habido, es el destino del otro lo que construyó su identidad y le dio significado y sentido a su vida.

JUAN: EL DERECHO A DISFRUTAR

Decidido a explorar un camino que lo condujera a una mejor calidad de vida familiar y personal, Juan quiso probar las Constelaciones Familiares. A los 61 años, con 35 de casado, tres hijos y un trabajo estable, no podía entender un sentimiento de miedo que lo invadía y le impedía sentirse feliz, incluso le generaba síntomas de depresión.

"Estaba buscando algo que me ayudara a superar mi constante melancolía y los miedos. Me sentía frustrado por no saber o no poder disfrutar de todo lo bueno que tenía. Como si nada fuera suficiente, no podía dejar de hacerme problema por cuestiones no tan importantes y quería superar la necesidad de que los demás me demostraran que me querían."

Por una amiga que le había contado acerca de las bondades de este método, él y su mujer quisieron ver de qué se trataba. Tenía sus dudas, pero después de haber pasado mucho tiempo con un padecimiento que lo obstaculizaba, decidió probar.

Con la expectativa de constelar, llegó temprano al taller. Se ubicó en un buen lugar y levantó la mano una y otra vez, con un poco de miedo y al mismo tiempo con cierta ansiedad.

"Después de varios intentos, al fin fui llamado... El corto trayecto hasta el campo lo hice pensando en lo que podría pasar y sus consecuencias. Un error: nada de lo que la mente barajó como posibilidades se cumplió. Solo el alma se expresó y como siempre, me superó."

—Quiero constelar mis miedos.

"Mis miedos era el tema. Así, en plural. Porque eran muchos y variados: miedo por mis hijos, por su salud y bienestar, miedo a perder mi trabajo o a no hacerlo correctamente, miedo a la falta de dinero y a alguna vez pasar hambre, miedo a enfermarme o a que me pase algo. Miedo, todas las noches durmiendo en compañía del miedo."

Mientras Juan contaba la dificultad para disfrutar de su vida y, a pesar de que tenía todo lo que siempre había querido, estaba sentado con las piernas flexionadas, agarradas con sus manos y se balanceaba como un niño.

—¿Qué te sucedió alrededor de los 4 o 5 años, Juan? —preguntó Sara y él no pudo contener las lágrimas.

—A mí nada. Mi padre a esa edad perdió a su madre.

Sara le pidió entonces que eligiera un representante para su padre y otro para él. A partir de ahí, por los movimientos que comenzaba a expresar el representante del padre, se desplegó en el campo una historia de profundo dolor y se evidenció su tristeza infantil. Entonces se agregó a una representante para la madre de su padre, es decir su abuela. La mujer se recostó en el suelo —como habitualmente aparecen los muertos del sistema— y el padre quedó sumido en una profunda congoja; sin fuerza y abatido frente a ella, convertido en su aspecto niño.

En ese momento, Sara le pidió a Juan que eligiera a un representante para su padre como adulto. El hombre, una vez ubicado en el campo, se dirigió hacia su niño para contenerlo. Allí estaban los dos juntos, representados. El aspecto niño miró a su aspecto adulto y se le llenaron los ojos de lágrimas. A partir de ahí, se miraron y se entrelazaron en un abrazo profundo.

Sara les pidió que se dijeran estas frases en voz alta:

—Lo que no pudimos tomar en su vida, lo podemos tomar en su muerte —le dijo el adulto al niño. El niño asintió con la cabeza y le sonrió, mientras permanecía en ese abrazo.

Luego el niño dijo a su mamá:

—Querida mamá, ahora te veo. Y puedo darme cuenta de que en el plano del alma la muerte no existe. Sos y seguirás siendo mi madre y yo tu pequeño hijo. Y en tus brazos eternos, me encuentro con tu amor que, desde siempre y para siempre, me abraza. Y lo tomo.

Cuando Sara le preguntó cómo estaba, el niño dijo que se sentía protegido por su madre y se quedó recostado en esos brazos a los cuales por primera vez se entregó sin resistencia.

Luego de unos instantes se incorporó, se dirigió a su aspecto adulto y lo tomó con fuerza de su mano.

En ese momento, Juan miró al padre y, con los ojos humedecidos, le dijo:

—Ahora te veo, papá. Respeto tu destino tal como fue y te tomo como a mi padre. Y te agradezco porque con tan poco, me diste tanto.

Juan avanzó hacia su padre y lo abrazó.

"Ver cómo mi angustia era en verdad la que tenía mi padre, me hizo dar cuenta de que yo no portaba un dolor semejante. Al contrario: no había en mi vida ninguna pérdida así que justificara mi gran tristeza y mis miedos. A medida que el representante de mi padre niño salía de su congoja, contenido por el representante adulto, mis sentimientos se fueron atenuando también."

Luego giró y miró a un nuevo representante que Sara había colocado y estaba allí, esperándolo: su propia vida.

Sin que Juan supiera a quien representaba, Sara le preguntó cómo la veía.

—Segura y tranquila —respondió.

Juan, con una sonrisa dibujada en el rostro, dio un paso hacia adelante con decisión y sin temor hacia ella. La abrazó y se quedó allí, seguro y tranquilo.

"Con el correr del tiempo, empecé a avanzar en el enfrentamiento de mis miedos y hoy han desaparecido casi por completo."

El caso de Juan muestra un mecanismo muy frecuente en los hijos que, por amor a los padres, son capaces de tomar sus sentimientos. Eso le impedía tomar en toda su magnitud y en todas sus posibilidades una vida que se mostraba generosa.

Eran la angustia, la tristeza, los miedos de su padre lo que obstaculizaba la vida de Juan. El vivía ese sentimiento de orfandad que había tenido su padre cuando murió su mamá, que es quien da protección y cuidado, a una edad en la que la vida es demasiado grande para a hacerse cargo de ella.

Porque cuando falta ese "holding materno", ese lugar de contención afectiva y emocional, al niño le faltan la seguridad y la confianza primarias; y crece con temor.

Era interesante ver cómo, a medida que la constelación avanzaba, desde su lugar de observador él iba cambiando la posición corporal: desde esa postura física y gestual de niño se fue incorporando hasta tomar una actitud e imagen de adulto. Su cuerpo lo expresaba: hubo una reconexión con su vida y con sus propios sentimientos.

Porque esos sentimientos adoptados son resultado de una identificación. Esa "identificación" puede ser a través de una actitud, de la repetición del destino, de llevar los mismos sentimientos, etc. Es decir, a través de la identificación Juan era como su padre y, por lo tanto, no podía verlo. Una vez que Juan reconoció que era de él esa sensación de miedo pudo liberarse y recuperar sus propios sentimientos.

Lo que ocurrió en el caso de Juan fue que el padre se había quedado —como niño— mirando a la madre, buscándola desesperadamente, por eso no estuvo disponible. Cuando un hijo ve la grandeza de los padres que, aún con mucho sufrimiento y dolor, son capaces de dar tanto y de apostar a la vida, puede tomar el amor que viene de ellos y a través de ellos.

Alejandra: el sentimiento de vergüenza

Desde que empezó a constelar, a Alejandra (45) le tocó participar como representante en varias ocasiones en las que aparecía el tema de los pueblos originarios. La habían elegido para representar a la Gran Madre, para que se pusiera en lugar de mujeres indias de mucha fortaleza; una, que la impactó especialmente, la llamaron como un indio que había perdido a sus hijas en un desierto de sal y otras dos veces en las que surgieron canciones nativas de sanación.

"Me resultaba llamativo porque me movilizaba mucho cada vez que representaba alguna situación vinculada con los pueblos originarios, pero no encontraba una conexión directa con algo mío; aunque sabía que en mi familia había ancestros aborígenes. Y además mi tema nada tenía que ver con eso. O al menos era lo que yo creía."

El tema de Alejandra era que desde chica siempre había tenido mucha facilidad para hablar, pero cada vez que se enfrentaba a un grupo grande de gente la invadía la vergüenza y se inhibía.

"Esa inhibición me había frenado socialmente, sobre todo en el campo laboral, y eso me trajo como consecuencia no poder ascender en mi profesión. Y en la vida privada, estaba casada con alguien que siempre me marcaba los errores, que no valoraba las cosas que yo hacía por nosotros. Tenía un sentimiento permanente de no poder satisfacerlo con nada."

El día que fue con la intención de constelar ese problema, ella se sentía con fuerza y levantó la mano varias veces, pero no la elegían. Recién sobre el final del taller, fue llamada.

—Quiero saber por qué me da tanta vergüenza hablar frente a muchas personas.

Eligió una representante para ella y otra para la vergüenza. Al ingresar en el campo, su representante caminó hacia atrás mirando el suelo; como si buscara a alguien al mismo tiempo en el que parecía querer esconderse. Sara agregó entonces a un nuevo representante para la madre de Alejandra y se evidenció que los ojos de la vergüenza no eran los de su hija sino los suyos: miraba al suelo como los niños cuando están avergonzados por algo que han hecho o dicho.

"*Qué impactante fue. Porque siempre sentí que le daba vergüenza a mi madre. Y yo, para contrarrestar este sentimiento, lo que hacía era comportarme con desfachatez frente a ella, sobre todo en la adolescencia. Pero lo más sorprendente fue que el campo mostraba que nosotras estábamos recreando una situación que en realidad era muy antigua, ya que mi representante miraba muy a lo lejos y la de mi mamá me seguía la mirada.*"

—Alejandra, ¿sabés si hay pueblos originarios entre tus ancestros?

—Sí, tanto por parte de mi padre como de mi madre. Pero en la familia materna no se los reconoce. Mi mamá siempre lo negó. E incluso sentía rechazo.

Sara le pidió que eligiera a dos representantes más, uno para una mujer aborigen y otro para un hombre español. Ubicados en un sector del campo distante de Alejandra y de su madre, confirmaban que se trataba de una escena antigua. De inmediato, manifestaron una atracción y un amor intenso: se acercaron, se sonrieron e incluso se abrazaron. Mientras eso ocurría, la madre miraba de manera inquisidora la situación y se distanciaba aún más de allí. Así que Sara agregó a un representante al que intencionó como la sociedad. Rápidamente quedó en claro que eran de ella los ojos de la vergüenza: la sociedad condenaba aquella unión.

En tanto, la representante de Alejandra seguía con la mirada en el suelo. Así que se agregó a una representante para que se pusiera en ese lugar. La mujer se paró y empezó a caminar como si estuviera en el fango: con esfuerzo y lentitud atravesó el campo hasta llegar al lugar donde estaban la aborigen y el español.

Ellos la abrazaron sin dudarlo. Era la hija mestiza, producto de su amor condenado por la sociedad.

La joven se veía abatida y manifestaba un gran dolor. Iba de un lado a otro como si buscara algo. Entonces, Sara agregó a un representante. El hombre la ignoraba por completo, pero ella lo miraba con amor y lo buscaba. Era claro que el hombre era su amado y que la ocultaba por su condición de mestiza. Frente a eso, la representante de la mestiza rompió en llanto y siguió buscando en el suelo con su mirada.

Sara agregó en ese lugar a un nuevo representante. Pero, como ella seguía buscando, agregó a otro más. Los dos se recostaron en el piso y ella fue a abrazarlos: eran dos hijos muertos. Cuando estuvo allí, empezó a quedarse quieta y a recuperar la paz: el llanto se calmó y la angustia empezó a diluirse.

Simultáneamente al abrazo de la mestiza con sus hijos, en el otro extremo del campo Alejandra abrazó a su madre también. Ninguna de ellas estaba observando lo que ocurría en la otra escena, sino que ambas lo hicieron de manera espontánea en el mismo momento. Luego Alejandra giró y miró con determinación hacia adelante, hacia donde continuaba lo propio.

"A los pocos meses pude hablar frente al público. Y no casualmente lo hice como militante de causas ambientales, en defensa de la madre tierra, como mis ancestras. Pero además logré unir mis saberes científicos con el conocimiento heredado que fui recordando a través de sueños... Recuperé mi libertad personal y al tiempo me separé de ese esposo que no me acompañaba e incluso me maltrataba."

Antes de avanzar quisiera decir algo en relación a la actitud fenomenológica en el desarrollo de las constelaciones: cuando el facilitador se "vacía" de lo propio, como vimos en la introducción y va andando el campo, toma también la información que de él viene. Así se reveló de pronto lo que terminó siendo una pregunta clave, que abrió una historia de pueblos originarios y el origen de la vergüenza de Alejandra.

Este caso es revelador porque habla de los pueblos originarios, que son probablemente una de las mayores exclusiones que se ha hecho en la historia reciente; en todo el mundo, pero sobre todo en esta región del planeta. Ellos han sido los que llegaron primero a estas tierras y por el Orden de la jerarquía merecen toda la honra y el reconocimiento de nuestra parte.

Hay cantidad de casos en los que este desorden se manifiesta como obstáculo en la vida: desde personas exitosas que proyectan negocios o emprendimientos en la Patagonia o en el norte del país —tierras habitadas por pueblos aborígenes originalmente— y fracasan aun cuando tenían a su favor todas las probabilidades de prosperar, hasta parejas que emprenden una nueva vida en contacto con la naturaleza en esas mismas regiones y, lejos de mejorar su relación, se encuentran con adversidades que no tenían.

Esto puede suceder porque muchas veces ni siquiera se considera a los pueblos originarios como los que llegaron antes; o no se les solicita un permiso desde el corazón para avanzar con lo nuevo sobre lo que alguna vez les perteneció; o porque simplemente faltan el reconocimiento y la honra.

No es una casualidad, sino todo lo contrario: he escuchado en varias ocasiones acerca de estas historias en las que aparecen obstáculos que trascienden los temas personales y que una vez que logran hacer este movimiento respecto a los que llegaron primero y los miran con la gratitud que merecen, las dificultades van desapareciendo o la solución aparece. Es muy difícil construir con buen pronóstico una relación, un proyecto si no se cuenta con la bendición de los ancestros.

La historia de Alejandra y su sentimiento de vergüenza no tenía explicación hasta que supo de esa abuela mestiza humillada con la cual estaba implicada y de la que adoptó su destino. Nunca hubiese sabido que esa inhibición para hablar en público tenía que ver no con una dificultad suya sino con una condena social que había padecido una mujer de su línea materna dos generaciones antes. Se trataba de un sentimiento adoptado.

Esto la condicionaba en su expresión natural y su lugar en el mundo. Al alcanzar el orden necesario, se recupera la libertad y se puede estar cada vez estar más cerca de vivir lo propio, recuperando la coherencia entre lo que se piensa, se siente y se hace. En definitiva, cada vez más cerca de ser quienes verdaderamente somos.

Cuando una madre renuncia a su hijo

"El movimiento sanador para un niño así
sería que mirara a sus padres
y tome de ellos la vida que le han regalado."
BH

Una de las cosas más dolorosas, por la dificultad para comprenderla desde el plano de la mente, es el "abandono" de los padres. Quienes han pasado por esta experiencia, frecuentemente crecen y viven preguntándose el por qué. Y la imposibilidad de encontrar una respuesta desde el amor los puede llevar a acumular rencor y enojo.

En realidad, muchas veces los padres no están "disponibles" para sus hijos —aun estando presentes y tomando responsabilidades en el rol que les corresponde—. ¿Qué quiere decir esto? Que en el plano del alma se quedaron mirando a alguien del sistema o a algún hecho dramático o trágico sufrido Y cuando el alma ha quedado mirando hacia atrás, es esperable que no pueda estar disponible para nadie ni nada más; ni siquiera para un hijo.

Sin embargo, y esto es lo revelador de las CF, que alguien no esté disponible no significa que el amor no haya estado o no esté presente. Porque justamente una de las mayores bondades de este abordaje es mostrar por dónde estuvo el amor en cada momento. Partimos de la premisa de que siempre, aún detrás de hechos o circunstancias que a la mente le resultan incomprensibles, en el plano del alma todo es amor y, por lo tanto, nunca se trata de su ausencia sino simplemente de que se había quedado detenido en otra relación o situación.

El abandono es el caso más extremo de padres que no están disponibles para sus hijos y, cuando se trata de la madre, es el más difícil de comprender. Sin embargo, los casos de abandono materno no son en absoluto excepcionales. ¿Por qué? Cada historia es singular y no es posible establecer argumentos generales que expliquen todos los casos. Sin embargo, es muy frecuente que detrás de ellos haya patologías psicóticas —algunas veces ignoradas por el entorno familiar y hasta por la propia madre—; además de ciertas lealtades invisibles que pudieran determinar esta conducta.

Justamente ahí es donde una CF puede ser un salto cualitativo en el camino a la comprensión. Al mostrar que el abandono puede no ser un acto de desamor sino uno de los actos más altos del amor de una madre: renunciar al hijo para protegerlo de su propia peligrosidad.

Llegar a mirar de esta manera algo tan doloroso es de un poder sanador gigantesco. Porque es incomparable crecer con la sensación o la convicción de que los padres no estuvieron, que poder ver que algo les pasó y eso no les permitió estar disponibles para uno. Una vez más, tal como lo prueba la Física Cuántica, es el ojo del observador el que modifica la experiencia: según lo que se crea o se piense, la realidad será una u otra. Por eso es tan importante "reconocer lo que es".

Es frecuente que los hijos adoptados busquen en las CF la solución a sus dolores. Y muchos la encuentran, porque es posible, como dije, llegar a una comprensión cuando se ve por dónde ha estado el amor en nuestras vidas. En estos casos, según Hellinger el orden se alcanza cuando los hijos, más allá de las decisiones o actitudes de sus padres biológicos, pueden reconocerlos como lo que son —sus verdaderos padres—. En ese momento, renuncian al deseo de estar con ellos.

"El movimiento sanador para un niño así sería que mirara a sus padres y tome de ellos la vida que le han regalado. Es el bien más preciado. Toma la vida en su corazón y le concede todo el espacio, a la vida sana. Y luego permite que los padres se retiren de su corazón diciéndoles: 'Ahora permito que se retiren. Ahora renuncio a ustedes para siempre'. Esa es la frase decisiva: para siempre. Eso es enormemente doloroso. Pero es un dolor sanador. Para el niño es como que sus padres estuvieran muertos. Recién entonces el niño puede girarse hacia sus padres adoptivos y a las personas que se ocupan de él. Así entonces la vida que recibió de sus padres puede desplegarse."

Es necesario aclarar acá que la pertenencia siempre es con la familia biológica, que es la de origen: los padres son siempre los que dieron la vida. Aun cuando no haya habido relación con ellos, si existió el vínculo desde el momento mismo de la gestación y durante los meses de embarazo. Porque de ellos viene la información transgeneracional que habita en el cuerpo y en el alma de los hijos.

Esto no quita mérito ni protagonismo a los padres adoptantes, a los que llamamos con frecuencia, del corazón. Porque con ellos los hijos adoptados están vinculados, tienen un lugar y un rol especial. Pero es importante saber que no son los verdaderos padres.

Lo remarco porque en muchas CF en las que aparecen adopciones suele haber una exclusión de los padres biológicos por parte de los adoptantes; no con una mala intención, sino porque simplemente temen que sus hijos no los quieran "igual" o que alguna vez quieran volver a sus raíces. Y esto produce el efecto inverso: esa exclusión genera un desorden muy importante; al punto de que con frecuencia se vuelve en contra de ellos a través de enojos de los hijos.

En cambio, cuando cada uno tiene el lugar que le corresponde, el amor fluye.

Romina: de la adopción al encuentro con su identidad

Romina (34) tenía 6 meses cuando su madre, sin explicaciones ni advertencias, se fue de su casa para no volver más, y su padre, que había quedado con secuelas luego de un accidente de tránsito, decidió internarla en un orfanato del mismo pueblo de la provincia de Buenos Aires en el que vivían. Y aunque nunca dejó de visitarla, su relación siempre estuvo limitada a la regularidad que la institución le permitía.

"Crecí en ese hogar hasta los 18 años, criada a través de reglas religiosas que eran militares, con ausencia absoluta de cariño materno y la semi presencia del cariño paterno, con la obligación de ser agradecida a quienes me cuidaban por salvarme de morir de hambre y con la obligación de cumplir órdenes desde que me despertaba hasta que me acostaba. En esos años de infancia y adolescencia fui acumulando sentimientos de rencor y de odio; hacia todo, hacia la vida misma. Salí de ahí convertida en una persona muy dura, extremadamente estricta, en un estado de congelamiento que me hacía sentir como muerta en vida: creía que yo era la responsable del abandono de mi madre, tenía depresiones y un desinterés absoluto por cuidarme, por progresar, por proyectar un futuro."

Con esa carga en su cuerpo, en su mente y en su corazón, los años siguientes en la vida de Romina fueron de fracaso en fracaso: en los trabajos, en las relaciones con los hombres, en las amistades. Así vivió durante mucho tiempo, creyendo estar condenada a esa vida, incluso sintiendo que de alguna manera se la merecía. Eso la llevó a soportar durante dos años un trabajo en el que la maltrataban hasta la denigración, la controlaban en todos sus movimientos y hasta la amenazaban. La situación explotó un día por una discusión de una compañera con la jefa que los maltrataba y ella decidió intervenir. El episodio terminó en una denuncia —de varios de los empleados— por abuso de autoridad en el Ministerio de Trabajo y una relación laboral cotidiana tortuosa.

"Me di cuenta de que no podía vivir así, que necesitaba encontrar paz interior. Justo en ese momento, un problema auditivo me llevó a ver a una fonoaudióloga. La médica, por puro interés clínico, me preguntó por mis antecedentes genéticos y la posibilidad de que se tratara de un mal hereditario. 'Solo puedo hablar, y con poco conocimiento, de mi padre biológico', respondí. Esa simple información me llevó a contarle cómo había sido mi historia y ella, con mucha percepción, me habló de una herramienta terapéutica llamada Constelaciones Familiares. Jamás había escuchado sobre eso y, sin embargo, sentí que la vida me estaba dando la oportunidad que había estado buscando: un camino por donde ir hacia mi paz interior."

Romina empezó a participar en forma regular en talleres.

"Pasé momentos de ansiedad, momentos en los cuales me negué a creer que se podían solucionar las cosas, momentos de muchas dudas sobre los resultados. Sin embargo, nunca me dejé vencer por esa incredulidad. Algo me hacía seguir yendo una y otra vez. Y ese impulso era más fuerte que las objeciones de mi mente."

Llegó el día de la primera constelación, después de muchos talleres y acompañada por su terapeuta.

—Quiero saber por qué exploté así en el trabajo con mi superior inmediato —intencionó Romina.

Sara le pidió que eligiera un representante para ella y otro para su jefa. Se ubicaron frente a frente y Romina empezó a mirar a su jefa con mucho enojo. Su cuerpo estaba rígido y la mirada furiosa.

—¿Qué ves en esa mujer?

—A mi mamá —respondió Romina.

La madre permanecía totalmente rígida frente a la mirada de su hija, mientras hacía pequeños movimientos circulares con poca estabilidad. Sara agregó entonces a una representante para la mamá de su madre, es decir, la abuela de Romina.

—¿Cómo la ves? —le preguntó Sara a la mamá de Romina.

—Ella no es mi mamá verdadera —respondió la mujer, muy enojada. Y ahí, detuvo su movimiento oscilatorio.

—Romina, ¿tiene sentido para vos esto? —preguntó Sara.

—Mi mamá siempre tenía estallidos de ira que mi padre nunca supo por qué eran. Pero antes de morir me dijo que él suponía que ella era adoptada, pero que nunca se pudo sacar la duda porque ella no se lo quiso contar.

Sara agregó a una representante para la madre biológica de su madre. Y le pidió a la madre adoptiva de su madre que le dijera a su hija:

—Ella es tu verdadera y única madre. Es quien te dio la vida. Y yo soy quien te cuidó, te crió y te educó con amor. Soy tu madre de corazón. Y veo con buenos ojos que reconozcas a tu madre como tal.

Luego, mirando a la madre biológica, dijo:

—Gracias por haberle dado la vida y hecho lugar para que tu hija llegue a mi vida.

Y la mamá biológica, asintiendo con la cabeza, respondió:

—Gracias. Y también te doy las gracias por haberla acompañado y cuidado cuando yo ya no pude.

La mamá de Romina miró a su madre de corazón y le dijo:

—Gracias, te reconozco como mi madre de corazón y te agradezco por todo lo que me dieron.

Y, mirando a su madre biológica con lágrimas, escuchó:

—Querida hija, si no te sostuve fue para preservarte de mi propia peligrosidad. La renuncia a un hijo es el más grande acto de amor que una madre puede hacer. Y este es el amor que nos une, más allá del destino que se impuso.

Y luego de escuchar estas palabras, su madre le dijo a su propia madre:

—Querida mamá, gracias. Gracias por darme la vida —dijo e inclinó su cabeza en una reverencia.

Con estas palabras, la madre de Romina fue cediendo de a poco su enojo hasta que por primera vez pudo acercarse a su madre biológica y la abrazó. En tanto, la representante de Romina seguía también muy enojada y con el cuerpo rígido. El enojo de su madre con su abuela se repetía en ella con su madre. Sara le pidió entonces que le dijera:

—Querida mamá, recién ahora te empiezo a ver y a reconocer como lo que sos, mi mamá.

Sara le explicó que era importante que aún con su enojo y su resistencia intentara hacerle una honra a su mamá. Le indicó que, ante sus pies, permaneciera con el cuerpo apoyado en el suelo boca abajo y las palmas hacia arriba. Y le pidió a Romina que se quede con esta imagen.

A pesar de la imposibilidad de terminar de tomarla, pocos días después sintió la curiosidad de indagar en la historia de su madre. Le llevó muchos meses conseguir la partida de nacimiento, pero no se detuvo. Finalmente, cuando la encontró, supo que no había sido en vano.

"Ahí encontré mi identidad completa: mi mamá también había sido adoptada, cosa que ni siquiera mi papá sabía cuando se casó con ella, y el primer nombre que me había puesto era su verdadero nombre, con el que la habían bautizado a ella sus padres biológicos y que luego sus padres adoptivos le cambiaron. Ese documento me impulsó a investigar más sobre su historia: supe que solo había sido reconocida por su madre, que nunca había conocido a su padre, y que había sido dada en adopción a los 9 años luego de que mi abuela muriera de cáncer. Y que a los 14 le habían cambiado su nombre. Hasta encontré la tumba de mi abuela y una foto. Todo esto me sirvió para entender el dolor que mi mamá tenía por todo lo que había sufrido y pude ver —algo que me había demostrado la constelación aunque yo aún no podía tomarlo—: que el abandono no tenía que ver conmigo, sino que ella tenía una historia tan terrible que no podía estar disponible para sus hijos."

El caso de Romina muestra claramente cómo el alma se anticipa a lo que es: cuando la fonoaudióloga le habló de las CF, ella percibió la información de los campos mórficos y supo que ahí tenía una oportunidad. Es lo que cualquiera de nosotros llama comúnmente intuición, sexto sentido o corazonada: una certeza que aparece como un impulso. En ese preciso momento en el que su alma pudo sortear el obstáculo de la mente y percibir que había algo genuino ahí, ya se le estaba abriendo un mundo nuevo. Porque esto podría haber pasado de largo para ella y, probablemente todavía estaría buscando una oportunidad. Pero no. Ella siguió ese impulso vital.

En la constelación se pudo ver cómo, además de la información conocida en la historia familiar, ella venía de una herencia de amor no disponible entre madres e hijas. Saber esto le permitió, después de treinta años de flagelarse pensando lo contrario, dejar de traducir su historia como la de un abandono para entender que su madre —por lealtad a la suya— repitió una historia. Porque ella misma había sido abandonada. Y quien no ha podido tomar el amor de su madre, no puede pasar ese amor a sus hijos: nadie puede dar lo que no tomó. Salvo, ni más ni menos, el regalo más grande: la vida. Después de un trabajo de aceptación muy profundo de que el amor de su madre estuvo en el acto de renunciar a ella porque su falta de estabilidad emocional y la lealtad invisible con su madre no le habían permitido hacerse cargo de ella.

Esta comprensión la llevó a Romina a comenzar a disolver ese enojo que como consecuencia le permitió completar, tal como ella lo dice, ni más ni menos, su identidad.

La importancia de las bendiciones

"... no es su bendición personal, sino que viene desde lejos dentro del gran movimiento de vida y a través de los padres sigue fluyendo."
BH

Con un fuerte significado religioso, la palabra bendición proviene del latín *benedicere* y significa "decir algo bueno". La bendición es poder expresar y desear algo bueno para el otro.

Bendecir es un acto sagrado. Es una intención que permite pasar a otros lo que alguna vez se ha recibido y lo que une a cada uno al flujo mismo de la vida.

Es decirle sí a la vida. Como una fuerza que se irradia, se contagia y llega a los que están alrededor. Es una fuerza mayor, que llega desde "lo alto", desde los que llegaron antes hacia los que vienen después. Porque bendecir es transmitir la vida. Sin embargo, tal como explica Hellinger, no es su bendición personal sino que viene desde lejos dentro del gran movimiento de vida y a través de los padres sigue fluyendo:

"La vida es algo que los padres también han recibido y que luego pasan a sus hijos. Una bendición siempre es transmitir vida.

Es decir que fluye en la misma dirección que dar vida. Por esa razón les corresponde a los padres dar una bendición. Sin embargo, no es su bendición personal. Es la bendición dentro del gran movimiento de vida que viene de lejos y que a través de los padres sigue fluyendo. Los padres se encuentran en medio de ese movimiento y se lo transmiten a sus hijos."

Daniela: la bendición del nuevo amor

Daniela había formado una gran familia de la que estaba muy orgullosa y a la que amaba: la hija de ella y el hijo de su marido, los dos de sus respectivos matrimonios anteriores, y dos hijos más en común. Estaban juntos desde hacía 11 años, pero hacía ya un tiempo que la relación estaba en crisis. Estaba en ese proceso cuando la vida la sorprendió con un hecho inesperado y dramático: Marcelo, su pareja, tuvo una convulsión a partir de la que le detectaron una malformación congénita en el cerebro y una semana después tuvo un derrame masivo del que nunca salió.

"*Estaba shockeada, abatida, asustada; y a la vez sobrevivía y resistía. ¿Qué pasaría conmigo? ¿Qué sería de mi vida y la de mis hijos? ¿Cómo se sigue frente a una tragedia así? Había llegado a tal nivel de perturbación que quise constelar el tema. Hacía ya un tiempo que asistía a talleres de constelaciones. Hablé con Sara para ver si era conveniente hacerlo en un momento así y ella me dijo que sí, siempre que fuera sobre mí y mi situación frente a lo que estaba pasando. Así que cinco días después de que mi marido entrara en coma, fui a constelar.*"

Llegó al taller en una situación de angustia y desorientación extremas: no sabía hacia dónde iba, como seguía su vida si su marido moría.

—Siento que si Marcelo se muere, yo no voy a tener fuerza para seguir adelante teniendo hijos tan chicos.

Sara le pidió que eligiera un representante para ella. Apenas se ubicó en el campo, empalideció y dijo que se sentía muy débil.

La desesperación le fue ganando y, de repente, se fue hacia un ventanal: apoyó la cabeza contra el vidrio y empezó a llorar con gritos hondos mientras daba puñetazos. La facilitadora respetó ese llanto y ese dolor que parecían salir desde lo profundo. Luego, llamó a una representante para la madre de Daniela. La mujer no intentó siquiera contener a su hija, sino que se tiró al piso y dijo que estaba abatida. Entonces, Sara llamó a otra representante como el arquetipo materno y le pidió que se ubicara detrás de Daniela.

"Mi representante dejó de llorar enseguida. Fue como si encontrara consuelo a tanta angustia; el que no encontraba en mi madre. Pude entender, no podía ni con mi dolor."

Sara puso a un representante como una fuerza espiritual. Daniela, cada vez más calma y con una fuerza renovada, fue directo a abrazarla.

"Yo estaba sentada afuera del campo y en ese momento me sentí en completa sintonía con esa imagen. Fue una sensación de profunda conexión con eso."

En ese instante, Sara agregó a representantes para los hijos. Se pararon frente a su mamá y la miraban con miedo, como a la espera de su reacción.

Daniela se acercó a sus hijos, los abrazó y acarició de manera protectora.

Y les dijo:

—Queridos hijos, me quedo, me quedo en la vida, me quedo con ustedes.

En ese momento, entre expresiones de emoción, angustia y alegría al mismo tiempo, los hijos se acercaron, la tomaron y sobre su pecho se quedaron.

"Pude ver lo necesario que era que, cuando estaban perdiendo a su padre, supieran con certeza que su madre iba a estar con ellos."

Dos días después de esa constelación, Daniela les contó a sus hijos toda la verdad de la situación de salud que estaba atravesando su padre y la posibilidad de que, tal como ocurrió siete meses después, muriera.

"A partir de ese día, acompañé a mis hijos en su proceso de preguntas y angustias, cada uno con su edad y su distinta conciencia de

lo que estaba ocurriendo. Después de mucho sufrir, decidí seguir fielmente mi camino, sobre todo, mi propio proceso de tristeza y recuperación. Ocurrió para mí entonces un hecho que jamás habría imaginado y que me señaló que estaba sanando: cuando aún no había partido Marcelo, ese gran amor de mi vida, cuando parecía que todo se terminaba, apareció otro hombre, Pedro. Justo en el momento más difícil que me había tocado atravesar, la vida me mostraba una salida."

Pedro era amigo de Marcelo y había estado cerca en todo el proceso de la internación. Daniela lo conocía desde hacía más de una década, casi desde que conoció a su marido y habían compartido muchos momentos familiares.

"Jamás nos habíamos mirado hasta entonces. Todo comenzó en ese momento, ni un minuto antes y ni un minuto después. Cuando tenía que ser. El mismo día en el que partió Marcelo, mis hijos se enteraron de nuestra relación y no la juzgaron. Al contrario, verme acompañada, sostenida y contenida fue lo mejor que a mi familia le pudo pasar. Porque era demasiado duro todo: los hijos aún chicos y tanto dolor, tanta responsabilidad recayendo sobre mí. Su presencia era un sostén que me permitía poder estar tan de pie. Cada uno con su edad, entendió aquello."

Luego de un año durísimo —con conflictos laborales, enfermedades de su madre y su padre, diferentes etapas de cada uno de sus hijos en el duelo de su padre, su propio proceso de despedida de aquel gran amor, un robo en su casa y la muerte de un primo muy cercano—, al fin la vida de Daniela empezó a encontrar cierta tranquilidad y fuerza. Pero aún sentía que no podía tomarla plenamente. Así que decidió constelar eso que le estaba pasando. Ese día Pedro la acompañó al taller.

—Quiero saber por qué no puedo disfrutar de este amor y tomar mi vida, mi familia con toda la fuerza.

Eligió un representante para ella, otro para Pedro y uno para cada uno de sus hijos. Mientras los chicos tomaban posiciones diversas, muy características de ellos —según Daniela decía— su representante se mostraba sin fuerza y miraba al piso. Comenzó a angustiarse y rompió en llanto. Ante esa situación, Sara puso un representante para Marcelo ahí donde Daniela miraba en el suelo. Y le pidió a su anterior pareja que le dijera a ella:

—Desde donde me encuentre, veo con buenos ojos tu nueva vida. Mientras, yo sigo a mi destino y vos a tu propia vida. —Luego suspiró y cerró los ojos.

"Fue muy fuerte ver que él miró con buenos ojos y bendijo mi vida futura. Nos agradecimos mutuamente lo vivido, los años compartidos, los hijos y la familia que formamos. Y recién ahí, con bastante resistencia de mi parte, pude mirar al frente."

En ese momento, Sara agregó a dos representantes para sus padres y les pidió que le dijeran, de a uno por vez:

—Querida hija, honro la fuerza con la que llevas tu destino. Por mi parte, bendiciones para lo que es, tal como es.

Se los veía emocionados y conmovidos al decir eso. En tanto, la representante de Daniela, al escuchar estas palabras, estaba reconfortada y con más fuerza. Avanzó hacia ellos y los abrazó; luego de unos instantes, giró y —ya con más firmeza y disposición— pudo mirar a quien la estaba esperando.

"Y ahí estaba Pedro... Mi representante fue hacia él y sentí mucho amor. Mis hijos también pudieron dar este paso y terminamos todos en un abrazo. Esta escena fue conmovedora."

La vida cotidiana de Daniela cambió radicalmente y por fin empezó a disfrutar de la calma y la alegría cotidianas.

"Hoy me pregunto qué hubiera sido de mí y quién sería hoy si no fuera por ese camino que se abrió en mi vida en el momento indicado para prepararme para ese despertar de conciencia que se empezaba a manifestar y que tomaría más y más fuerza; nunca es tarde y es una bendición tener la oportunidad de despertar."

Daniela tenía que tomar una decisión tan trascendente que no podía ni siquiera pensar en su estado: irse o quedarse. Y el campo le mostró con claridad cuál era la decisión de su alma cuando la representante dijo: "Me quedo". Eso generó, de manera casi instantánea, su liberación de una carga que la aplastaba y devolvió la fuerza a sus hijos de manera visible. Porque eso es lo único que esos chicos necesitaban en una situación tan desoladora como es la muerte del padre.

Cuando se pierde a uno de los padres a una edad temprana, en el plano del alma el mayor temor de los hijos es que el otro también se vaya. Por eso, fue instantánea su reacción al escuchar que la madre se quedaba.

Una vez que eso pasó, aún en el tránsito de la agonía de su marido, Daniela pudo tener la fuerza para decirles la verdad a sus hijos y acompañarlos, ocupando el lugar de madre que le correspondía, y también para poder ella misma seguir adelante. Tal fue la fortaleza que ganó a pesar del dolor, que en el momento más triste de su vida pudo ver a ese hombre al que jamás había mirado antes pero que estaba ahí, disponible para ella.

El encuentro de ellos en el plano del alma no se topó con ningún obstáculo. Pero en el de la mente cargaba sobre sí con la condena de este plano, en el que mandan el juicio, el prejuicio y la dualidad. Por eso, avanzado su proceso de duelo, tuvo la fuerza para constelar ese amor sano que la llenaba de paz y felicidad; pero que todavía tenía el camino lleno de trabas.

Es mucho más fácil que una relación tenga un buen pronóstico si cuenta, en primer lugar, con la bendición de los padres. He visto en muchos casos en los que los padres se oponen a la unión del hijo con su pareja —sea por diferencias ideológicas, religiosas, económicas, etc.—, cuán difícil es para la pareja sostenerse en el tiempo.

Hellinger dice que *"la gran felicidad realmente requiere coraje. Retener lo sencillo y lo claro y mirar hacia delante dejando atrás todo lo ocurrido hasta ese momento, ese es el gran logro (...) Requiere el máximo coraje porque, en definitiva, la gran felicidad solo puede ser retenida como un regalo inmerecido por lo que no se debe ni se puede pagar precio alguno. Esta es la humildad inherente".*

El lugar del padre

"Si uno de los padres queda excluido, el hijo solo está a medias y se encuentra vacío."
BH

Tal como adelanté al hablar de la madre, al padre también le corresponde un rol fundamental en la vida de los hijos: así como el no poder tomar el amor de la madre generalmente trae dificultades en las relaciones de pareja y en la formación de una familia, cuando el que no se puede tomar es el amor del padre, los obstáculos suelen aparecer en el ámbito social: problemas para desarrollarse en lo laboral, profesional y en lo social.

Un hijo es, en cada célula, ciento por ciento su madre y su padre. Por lo tanto, ninguno de ellos puede estar excluido de su vida. Y solo cuando se puede tomar el amor de ambos, se libera el camino para tomar la vida por todas sus facetas y la oportunidad para ser plenamente feliz. En este sentido, Hellinger afirma que "una persona solo puede encontrar su identidad estando en paz con ambos padres".

Cuando un hijo toma el amor de su padre, tiene la posibilidad de crecer, de desarrollarse y realizarse como hombre. Con la fuerza del padre, el hijo puede convertirse y desplegarse como tal en su propia vida, en todos sus aspectos, en toda su magnitud.

De esto se deduce que una de las grandes responsabilidades que tienen las madres es habilitar a sus hijos para que tomen el amor del padre. Porque, como son quienes dan la vida, hay una lealtad enorme de los hijos hacia ellas; lo sepan o no. Sigmund Freud decía que *"los hijos llegan al padre a través del discurso de la madre"*, y Hellinger dice que *"los hijos llegan al padre, si hay una madre que los habilita"*. Por eso, por un mecanismo sistémico que se llama "transferencia", los hijos van a mirar al padre según cómo lo mire la madre.

Esto puede ilustrarse con la siguiente imagen: tomemos a las piernas como los soportes materno y paterno. Si se pierde a uno de los apoyos, habrá que avanzar solo con una pierna. ¿Y cómo? Inevitablemente va a ser necesario mucho más esfuerzo para moverse; pero además, en vez de avanzar en equilibrio, con seguridad y sintiéndose verdaderamente sostenidos, van a andar dando pequeños saltos. Así sucede en el alma: cuando no podemos contar con el sostén del padre, avanzamos hacia nuestro mundo con dificultad y sin balance ni armonía.

Tomás: el reencuentro con su padre

Los padres de Tomás habían estado juntos durante 16 años. Estaban muy enamorados y durante tres años habían buscado un hijo con muchísimo deseo. Sin embargo, cuando ella quedó embarazada, y cada vez peor a medida que pasaban los meses, empezaron los problemas: él se enojaba por cualquier motivo o con ninguno, se iba de la casa y volvía cuatro o cinco días después; sin explicaciones a su mujer ni tampoco a su hija de 7 años de un matrimonio anterior que vivía con ellos en esa misma casa familiar. Esa conducta fue empeorando hasta que nació Tomás. Al día siguiente, él directamente se fue la casa. La mamá se enteró a través de la hija de él de que en realidad ya tenía otra mujer.

"Tuve una infancia increíble, muy feliz, porque mi mamá siempre estuvo muy presente y su nueva pareja fue para mí un

papá del corazón. Pero nunca llegué a tener una relación con mi padre y eso, de alguna manera, siempre me pesó. Él solo me visitaba muy esporádicamente mientras vivimos en Buenos Aires y cada vez que me venía a buscar, siendo muy chiquito, yo rechazaba irme con él. Cuando me lo anunciaban me ponía feliz, pero cuando llegaba ya no quería."

Cuando Tomás tenía seis años se mudó con su mamá y su papá del corazón a Córdoba. A partir de ese momento, la relación pasó de ser distante y liviana a casi nula. A pesar de que no le faltaba amor, Tomás sentía esa ausencia, que se manifestaba a través de miedos e inseguridades en el crecimiento. Eso lo llevó a hacer terapia psicológica tradicional y también varias alternativas.

"Lograba algunos cambios, pero era como que nada terminaba de cerrar y sentía que estaba trabado. En ese momento mi mamá empezó a hacer Constelaciones Familiares y me dijo si no quería hacer un taller para constelar esto. Y lo hice."

—Quiero constelar la relación con mi padre.

Sara le pidió que eligiera un representante para él y otro para su papá. Una vez ubicados en el campo, Tomás lo buscaba pero su padre lo esquivaba, con la mirada y con el cuerpo. Entonces se agregó a un representante para la mamá. De inmediato, el padre de Tomás se tiró al piso boca abajo y empezó a avanzar hacia la mujer mientras se inclinaba haciéndole una honra total. Cuando llegó a sus pies, en el tiempo del alma, con movimientos muy lentos y conscientes se paró y se fundieron en un abrazo de amor.

"Yo miraba sin parpadear esa imagen. Era la primera vez que en mi vida lo veía. Era muy fuerte para mí ver a mis padres abrazándose porque eso me mostraba que, tal como mi mamá siempre me había contado, yo venía de un gran amor. Fue muy conmovedor."

En ese momento, el represente de Tomás se acercó a sus padres y Sara le pidió a él que acompañe lo que la imagen representaba. Se encontraron en un sincero y profundo abrazo los tres y permanecieron en ese lugar durante unos instantes. Luego Sara le pidió a la representante de la mamá que mirara a su hijo y le dijera:

—En vos sigo honrando a tu padre. Él es el mejor padre para vos.

Tomás y su representante sonrieron. Y mirando al padre, dijeron:

—Gracias, papá, gracias por darme la vida junto a mamá. Ahora te tomo como mi papá. —E inclinó suavemente su cabeza, hasta apoyarla sobre el padre.

"Cuatro días después de la constelación, recibí un llamado de mi papá que me decía que estaba organizando un viaje para venir a visitarme. Hacía meses que no tenía noticias suyas y hacía nueve años que no venía a Córdoba. Finalmente, 15 días después llegó. Tuvimos cuatro días juntos súper intensos. Pudimos hablar muchísimo. Yo pude abrirme pero también mi mamá pudo hacerlo: por primera vez después de 17 años, él volvió a entrar a la casa de mi mamá y cenó con todos nosotros."

Después de ese encuentro, Tomás rindió las dos materias que le habían quedado pendientes del secundario y se recibió. Desde hacía un año tenía el proyecto de irse a vivir a Irlanda un año para trabajar en una comunidad con jóvenes, niños y adultos con capacidades diferentes, pero todo el plan había quedado supeditado a terminar los estudios. Su mamá le había puesto esa condición, además de la necesidad de buscarse un trabajo y ahorrar el dinero necesario para pagarse el pasaje. Así lo hizo. Y cinco meses después concretó el viaje.

"Fue como si hubiera cobrado una fuerza que antes no tenía para poder avanzar y concretar el viaje. Cuando mi papá se enteró de mi viaje, volvimos a vernos a pedido de él, que me invitó a conocer su oficina y su trabajo."

El reencuentro además le dio la apertura para hablar más a fondo de la historia de su padre. Así se enteró de que él también había sido abandonado y que había sido criado por una abuela.

"Ahora puedo mirar todo lo sucedido desde otro lugar, y puedo ver que su amor siempre estuvo. Que lo que no me dio fue porque tampoco él lo tenía y que soy resultado de una gran historia de amor."

En este caso no se trata de una madre que haya impedido la relación del hijo con su padre. Al contrario, lejos de esa actitud, la madre de Tomás desde siempre lo habilitó para que mirara con buenos ojos al padre. Y así lo demostró la constelación.

Es importante no dejar de ver cómo le cambió la vida a Tomás cuando pudo ver lo que su madre siempre le había dicho: que fue producto de una gran historia de amor. Y que, más allá de las circunstancias y de las actitudes posteriores de su padre, él lo había deseado. ¿Se imaginan lo distinto que es construir la vida con esa fuerza?

Se trata de un caso en el que el padre no estuvo disponible. Y si bien Tomás no pudo modificar eso ni dejar de sufrir por la ausencia, lo que logró hacer en esa CF le permitió tomar el amor de sus dos padres y tomar su propia vida. Porque, como dice Hellinger, "sin raíces no hay alas para volar".

¿Qué es tomar en el caso de los padres? Respetarlos tal como son, sin intentar cambiarles algo, sin reprochar ni reclamar. Es asentir a lo que es, tal como es; es decirles sí. Porque, como ya dije, los padres merecen el reconocimiento y la honra de sus hijos por el solo hecho de haberles dado la vida. Hayan estado disponibles, o no.

Cuando dieron la vida, los padres se supeditaron a un orden superior. Es eso lo más trascendente que los padres dan. Se ofrecen al servicio de la vida para pasarla, para perpetuarla. Y desde este lugar, todos los hijos son hijos del amor; de un amor más grande, más allá del destino de cada uno, más allá de las circunstancias que a cada uno le haya tocado vivir.

Estamos unidos a esa red de amor con los padres y con el amor más grande. Somos parte de ello, y ese amor al mismo tiempo habita en nosotros. Y cuando un hijo lo reconoce, lo toma. Y toma la fuerza necesaria para avanzar hacia su propia vida en plenitud.

Cuando un hijo toma a su madre y a su padre, en él está toda la fuerza entera y se siente completo. A Tomás le permitió terminar sus estudios pendientes y hacer ese viaje tan especial en su vida en este momento. Finalmente, dar un paso más hacia su propia vida, diciéndole sí a las oportunidades que le presentaba entonces, estando en sintonía con ella.

Me gustaría compartir aquí una oración de Hellinger dedicada a la madre y al padre:

Oración al amanecer de la vida

Querida Mamá/querida Mami
Lo tomo de ti, toda, entera
Con lo bueno y lo malo,
Y la tomo al precio entero que a ti te costó
Y que a mí me cuesta.
La aprovecharé para alegría tuya.
(y en tu memoria)
No habrá sido en vano.
La sujeto firmemente y le doy la honra,
Y si puedo, la pasaré, como tú lo hiciste.
Te tomo como a mi madre,
Y tú puedes tenerme como tu hijo/tu hija.
Tú eres la Verdadera para mí, y yo soy tu verdadero hijo/hija
Tú eres la grande y yo el pequeño/la pequeña
Tú das, yo tomo.
Querida mamá:
Me alegro que hayas elegido a Papá
Vosotros dos sois los únicos para mí...! Solo vosotros!

Oración al amanecer de la vida

Querido Papá /querido Papi
Lo tomo de ti, toda, entera
Con lo bueno y lo malo,
Y la tomo al precio entero que a ti te costó
Y que a mí me cuesta.
La aprovecharé para alegría tuya.
(y en tu memoria)

No habrá sido en vano.
La sujeto firmemente y le doy la honra,
Y si puedo, la pasaré, como tú lo hiciste.
Te tomo como a mi padre,
Y tú puedes tenerme como tu hijo/tu hija.
Tú eres el Verdadero para mí, y yo soy tu verdadero hijo/hija
Tú eres el grande y yo el pequeño/la pequeña
Tú das, yo tomo.
Querido papá:
Me alegro que hayas elegido a Mamá
Vosotros dos sois los únicos para mí...! Solo vosotros!

Diego: asentir al padre y a su destino

Aunque no había un tema específico que les urgiera, desde siempre Diego (39) y su mujer habían estado en la búsqueda de un camino de autotransformación.

"Simplemente la convicción de que en la vida hay algo más que tener un buen trabajo, una familia y una casa. Que hay otra cosa más profunda que debe estar en armonía para que todo esto funcione."

Al momento, él ya había incursionado en una variedad de terapias alternativas. Y empezó a ir a los talleres como un aprendizaje nuevo.

"A través de mi participación como representante o asistiendo a las historias de otras personas y sus constelaciones, siempre con temas tan universales, empezaba a entender y a enriquecer mi propia vida. Me iba despertando."

Con esa tranquilidad de hacer un proceso de autoconocimiento llegó a su primera constelación. No en la búsqueda de una solución concreta sino con la intención de iniciar un ordenamiento para mejorar.

Pero tres días antes su padre había sufrido un ACV isquémico seguido de un paro cardiorrespiratorio y el tema era la angustia de que partiera sin que hubieran terminado de hablar algunas cosas, sin despedirse, sin haber trabajado lo suficiente su relación.

—Quiero ver si me queda algo pendiente con mi padre.

"Fue muy aliviador ver que no había ningún obstáculo entre nosotros y que nada tenía que ver nuestra relación con ciertos problemas laborales que me aquejaban. En cambio, lo que se me reveló ahí fue la angustia propia de la posible partida de mi padre: la dificultad para aceptar el hecho de que él quisiera irse o no, la dificultad para dejar y aceptar que él siga su destino, sea cual fuere."

Eligió un representante para su papá y otro para él. Apenas los colocó en el campo, enfrentados, el representante de su padre le sonrió al suyo. Sin embargo, él no podía levantar la vista del suelo y mirarlo a los ojos. Decía que el dolor de pensar en su partida no le permitía hacerlo. Entonces Sara le pidió al representante de Diego que le dijera a su padre:

—Que difícil es soltarte, querido papá.

Al escuchar eso, al representante de su padre se le llenaron los ojos de lágrimas. Y Diego pudo mirarlo. Siguiendo la guía de Sara, le dijo:

—Mi amor por vos es más grande que mi egoísmo. Con todo mi amor y todo mi dolor me inclino ante la fuerza más grande y respeto tu destino.

Y él respondió:

—Estoy muy orgulloso de vos, hijo.

"Cómo explicar lo maravilloso de ese momento. Era lo que en lo profundo necesitaba escuchar."

La constelación se desplegó entonces con dos representantes más, uno para el destino de cada uno de ellos. Su destino le secó las lágrimas al padre y se fue con él. Diego se fue con el suyo.

"Antes de la constelación sentía una gran angustia, como pocas veces en mi vida, y era difícil poder ver una solución de calma a esa sensación que me invadía. Sin embargo, ya el solo hecho de poder ver todo esto representado empezó a tranquilizarme y fui alcanzando un estado de paz en mi interior. No significa que la angustia por la posible muerte de mi padre hubiera desaparecido, porque decían

que tenía solo un diez por ciento de posibilidades de vivir. De hecho, cuando terminó necesité tomarme un momento para mí. El proceso no es inmediato pero me fui de ahí con una imagen que me dio paz y que me trajo la certeza de que todo iba a ser para bien. Me permitió terminar de aceptar que cada uno es responsable por su propia vida, que es un acto egoísta pretender dirigir o exigir a otra persona, por más que la ame con toda su alma, que haga lo que uno quiere."

El padre de Diego salió de sus dos episodios con una larga recuperación por delante, pero prácticamente sin secuelas.

¿Por qué este movimiento fue tan importante para Diego? Porque la posibilidad de muerte de un ser querido sumerge en un dolor tan grande que hace pensar que no se puede tolerar; como si una parte de uno se muriera con él. Y eso es demasiado para soportar. Es pensar que ya no hay tiempo, o que queda poco tiempo para lo pendiente —si lo hubiera—. Y de esto se trataba lo que le restaba a Diego: poder decirle sí a lo que era y a lo que seguía.

En cambio, poder alcanzar ese paso de decirle "sí" a los padres, a sus destinos, a todo tal como fue, a todo tal como es, permite tomar de ellos la fuerza necesaria para mirar la propia vida, seguir el propio destino, y buscar adentro lo que aún se necesita .

En este sentido, la fuerza que tienen las imágenes sanadoras es fundamental y se ve claramente en este relato. Porque, como afirma el dicho popular, una imagen vale más que mil palabras. Hellinger lo explica así:

"Se crea una imagen que al consultante mismo lo sorprende. En su interior estuvo llevando una imagen que contradecía aquello que venía imaginándose. Es decir, a través de esta imagen surge algo que estaba oculto (...). La imagen de solución al final de una Constelación Familiar actúa si se le da la posibilidad de que penetre como tal en el alma".

Cuando eso ocurre, esa imagen comienza a trabajar dentro de uno y se la sigue. Porque, cuando hay orden, el alma siempre conduce al lugar donde está la fuerza.

Solamente asintiendo a lo que es, se puede soltar al otro con amor. Ahí esa fuerza se recupera y todo cambia.

El asentimiento es resultado de un proceso profundo que tiene que ver con decirle sí a lo que es más grande. En este caso, al destino. Es estar en sintonía con lo que es, se trate de una situación, de una persona, de lo que la vida trae. Hellinger dice:

"*Cuando uno está en sintonía con la muerte tiene la fuerza más grande, porque tampoco tiene temor (...). Cuando uno ya no tiene la necesidad de salvar y ve que es tal cual es, allí se da un destello de esperanza; pero no a través de una intervención, sino precisamente sin actuar, tal vez se dé una posibilidad.*"

Es poder mirar al otro y decirle: "te respeto"; y también respeto a esa Fuerza Mayor que determina lo que es más grande que uno: la vida y la muerte. Cuando eso sucede, lo que viene del yo —deseos, anhelos, creencias, apegos, resistencias— se diluye y solo se fluye con lo que es. En ese instante cae la ilusión de estar separado de un Todo y la paz se instala en el alma.

El dolor por los hijos abortados

"Es necesario ir más allá de las fronteras del bien y del mal, de la culpabilidad y la expiación (...) y situarse al nivel del destino, de un último Yo, del amor puro..."
BH

Más allá de las circunstancias en las que se tome la decisión, o cuán justificada pueda parecer en su momento, los abortos tienen un efecto profundo en el alma. Sin que resulte un juicio de valor —porque cada uno sabe qué motiva una acción así—, en el plano del alma la experiencia suele resultar diferente: una vez que se ha concebido a un hijo, ser madre y padre es una condición que trasciende las circunstancias y que es para siempre.

Siempre que una acción pone en riesgo la pertenencia al sistema de origen —o a una religión, a una filosofía, a un ideal— el sentimiento de culpa es muy pesado de sobrellevar. Porque la conciencia impulsa a hacer un movimiento que habilite nuevamente a quien ha sido excluido a recuperar su derecho a ser incluido.

El sentimiento de culpa es muy pesado de sobrellevar cuando una acción pone en riesgo la pertenencia al sistema de origen, a una religión, a una filosofía, a un ideal. Y como el alma familiar vela para que cada uno tenga su lugar y su reconocimiento, a través del sentimiento de culpa la conciencia impulsa a hacer un movimiento que habilite nuevamente ese lugar, la recuperación de ese derecho.

Las consecuencias que se ven en las constelaciones luego de la decisión de abortar no suelen ser menores. Porque no es una carga fácil de llevar en el plano del alma. Al contrario, en general hay consecuencias importantes; me animaría a decir, aun graves.

Es frecuente que una relación en la que hubo abortos —uno o más— en algún momento empiece a tener problemas y se quiebre. Salvo que esos padres hagan un trabajo de reconocimiento de ese hijo como tal y le hagan un lugar en su corazón y en su sistema. En estos casos, a veces puede suceder algo diferente.

A veces, el costo es el "aborto" de la vida sexual de la pareja o, muy frecuentemente, aparecen síntomas físicos e incluso enfermedades. Porque una parte del alma o toda —habitualmente la de la madre, pero también la del padre— se queda con ese hijo. Eso lleva a la persona a alejarse de la vida y acercarse a la muerte. La sensación de no poder avanzar, de no tener fuerza para seguir.

Sebastián: desde el sentimiento de culpa hacia la fuerza de la vida

A los 36 años, Sebastián estaba en pareja, muy enamorado y con el proyecto de tener un hijo. Sin embargo, una tremenda angustia le invadía el pecho. Una sensación de tristeza, dolor y arrepentimiento que lo acompañaba desde hacía seis años, cuando con una novia anterior había decidido ponerle fin a un embarazo.

—No puedo seguir adelante con este dolor adentro mío. Creo que nunca me equivoqué tanto.

Eligió un representante para él, otro para su pareja de entonces y un tercero para el hijo no nacido. El representante del bebé se sentó en el piso con las piernas cruzadas y se hizo chiquitito.

El de Sebastián se agachó junto a él y la abrazó. En tanto, la madre se quedó parada a un costado observando la escena; decía que estaba muy confundida y que no sabía qué hacer ni dónde ubicarse. El representante de Sebastián entonces le mostró el camino hacia el hijo. Y los tres se abrazan.

—¿Tiene sentido esta imagen para vos, Sebastián?

—Sí, mucho. Porque yo necesito pedirle perdón. Porque yo siempre amé a este hijo pero en ese momento no podía hacerme cargo ni de mí mismo.

La madre dijo entonces que le agradecía a él por haberla acompañado en ese momento y por ayudarla a reconciliarse con ese hecho, que para ella también había sido muy doloroso. El hijo no nacido dijo que al principio se había sentido muy angustiado pero que apenas el padre se acercó sintió un calor inmenso que le dio tanta tranquilidad que quería estar a upa de él.

Entonces Sara le hizo decir a Sebastián mirando a su hijo:

—Querido hijo, lo siento tanto... Todavía me duele. Te reconozco como mi hijo y yo como tu padre. Desde aquel día estás es mi alma y en mi corazón. Y ahora tomo la responsabilidad.

A continuación, luego de lo dicho por el padre, la representante del hijo al oír estas palabras esbozó una sonrisa y asintió con su cabeza. Era lo que necesitaba escuchar, y el representante de Sebastián suspiró profundamente. En ese momento, le pidió a Sebastián que ingresara en el campo y siguiera los movimientos de su representante.

Sara agregó una representante para la Gran Madre. Apoyó sus manos en la espalda del niño no nacido suave y amorosamente. Luego, le hizo decir a Sebastián:

—Te ruego veles por él y lo cuides hasta que llegue mi tiempo de cruzar el umbral... En tus brazos lo confío, hasta que el espíritu decida y nos volvamos a encontrar.

El hijo se quedó abrazado al arquetipo materno y Sebastián, llorando, observaba esa imagen alejado. Luego se agradecieron mutuamente por la comprensión con su anterior pareja y se despidieron del hijo no nacido.

Entonces Sara convocó a una representante para la nueva pareja de Sebastián y le pidió a él que le dijera:

—Gracias por esperarme todo este tiempo para que pueda ahora, con paz y disponible, decirte sí.

Y le pidió a su pareja que le dijera al hijo no nacido de Sebastián:

—Te reconozco como el primer hijo del hombre al cual amo.

Y a su anterior mujer:

—Gracias por haber hecho lugar, gracias a que lo hiciste él llegó a mi vida.

Sebastián le respondió con una gran sonrisa, le agradeció y juntos giraron hacia adelante tomados de la mano. Dieron un paso al frente, dejando atrás al hijo no nacido en manos del arquetipo materno. Sebastián esbozó una sonrisa y sus ojos se llenaron de lágrimas.

Así terminó la constelación: los dos mirando hacia delante y él tomándola a ella de la mano.

"Fue muy liberador lo que sentí con la imagen de mi hijo no nacido cuidado y protegido por la Gran Madre. Y a la vez, el poder sanador de la constelación y de ese paso hacia el futuro que pude dar con mi actual pareja me llenó de paz y me devolvió la fuerza que había perdido para tomar mi propia vida."

La imposibilidad de Sebastián de volver a tener un hijo hasta que no sanara su alma habla de un grado de conciencia que no muchas personas llegan a alcanzar. Porque en esta sociedad el aborto no es considerado como un hijo nacido y entonces se suele minimizar la decisión.

Además, no es lo más habitual que sea el hombre el que cargue con el mayor dolor. Porque la realidad es que, si bien tanto la mujer como el hombre son responsables del embarazo como de la decisión de abortar, la decisión final es de la mujer. En este caso, y con la certeza de necesitar sanar el dolor que le había provocado terminar con un embarazo no deseado, Sebastián supo que debía constelar este tema. Y fue muy hermoso cómo el encuentro con ese hijo no nacido, a través de la mirada y las frases sanadoras, resultó reparador para él: algo sanador comenzó a suceder.

No se trata solo de que pudo mirar a ese hijo, sino de que ese hijo haya mirado a sus padres y que los reconociera como tales. En ese momento es cuando aparece la solución, porque en ese instante se le hace un lugar, se le da su derecho a la pertenencia y el reconocimiento como persona.

Sebastián no podía seguir adelante porque una parte de su alma se había quedado mirando a ese hijo no nacido y no había posibilidad alguna de que pudiera girar hacia la vida y hacia lo que ella le traía muy generosamente, que era una nueva pareja con la que formar la familia que deseaba. El movimiento logrado le permitió estar disponible para dar todo y tomar su destino en plenitud.

Además, la constelación permitió otro movimiento reparador: pudo reconocer a su pareja anterior, de quien se había separado con mucho dolor e incluso con resentimiento. Esto fue sanador en dos sentidos: por el Orden de la jerarquía, es importante que en el plano del alma se reconozca a las parejas anteriores; y además, que se lo haga en el orden correcto: la primera, la segunda, la tercera, etc. Porque gracias a que hicieron lugar, han dejado el espacio para que llegue el nuevo amor. El otro sentido en el que Sebastián se sintió sanado tiene que ver con que, al darle su reconocimiento a la pareja anterior como parte del sistema, pudo soltar con amor aquella relación y disolver el resentimiento que sentía.

Frente a este tipo de dolores en los que el alma necesita paz, suelo intencionar fuerzas espirituales. Porque para poder dejar a los hijos que no nacieron o que tuvieron muertes prematuras, se necesita de una tranquilidad que solo llega cuando hay una protección mayor. Y en este caso decidí agregar a un representante como arquetipo de la Gran Madre: apenas ella ingresó en el campo, la tristeza de Sebastián comenzó a aliviarse y el hijo no nacido fue hacia ella. Esa imagen de protección le permitió aceptar que su hijo estaba en el reino de los muertos, que ese era su destino, y le devolvió a él la fuerza para poder tomar su propia vida.

Dice Hellinger: "*Hay algo más a tener en cuenta en este contexto y, recién después de hacerlo, podemos respetar la vida en toda su plenitud: la muerte es más grande que la vida. El reino de los muertos es el reino más grande y el que permanece. La vida es algo transitorio, algo que emerge y vuelve a hundirse. Eso de lo cual emerge la vida, eso es lo grande. Y aquello en lo que la vida vuelve a hundirse y sumergirse, eso es lo grande. Los hijos abortados no están perdidos, están cobijados en eso más grande. También se lo puede ver así*".

Reconocer a los hijos no nacidos

"Todo aquel que pertenece tiene
el mismo derecho a pertenecer.
Lo que exige esta ley se ve a través del efecto."
BH

Sabemos ya que los hijos no nacidos también pertenecen al sistema familiar y que es primordial que sean reconocidos como tales más allá de las razones por las que no hayan sobrevivido. Porque el alma familiar también vela por su inclusión.

Los hijos no nacidos son tanto los embarazos abortados como los perdidos en forma natural, los ectópicos y los embriones que se reabsorbieron durante los primeros días o semanas de gestación. Es decir, una vez que se alcanzó la concepción, desde un punto de vista sistémico, ya hay un hijo; y cuando no se les da ese lugar, por una reacción de defensa para evitar el dolor que la pérdida genera con mucha frecuencia pueden aparecer múltiples desórdenes, tanto en la vida de los padres como en la de los hijos vivos: falta de fuerza vital física y psíquica, obstáculos para avanzar y alcanzar las metas, e incluso enfermedades y hasta, en algunos casos, muertes tempranas. Porque, como dice Hellinger, "el peor castigo para el alma es la exclusión".

En niños con hermanitos no nacidos cuyo orden no haya sido alcanzado es frecuente encontrar problemas en la escolaridad, desde falta de atención y concentración hasta dificultades en el aprendizaje o la conducta.

Susana: "Y todos son nuestros hijos"

La de Susana y su marido fue una gran historia de amor, de esas que comienzan apasionadamente y se construyen con trabajo a lo largo del tiempo. Se conocieron cuando ella tenía 16 y el 21, en enero de 1974; a los dos meses ya estaban de novios y a los cinco años se casaron. Pronto llegaron los hijos: Valeria fue la primera, en 1981; Ariel, en 1983; y Tomás, en 1985.

"Siempre tuvimos una relación de mucho amor, compañerismo, respeto y diálogo. Así también fue con nuestros hijos. Pero una vez que crecieron y se fueron convirtiendo en adultos, aparecieron algunas situaciones de discusión a las que no estábamos acostumbrados: sentíamos que ellos estaban trabados en alguna faceta de sus vidas y queríamos ayudarlos..."

En esa búsqueda, Susana y su marido llegaron por recomendación de una amiga a un taller. A pesar de que muchas veces se había preguntado en cuánto de lo que ella había hecho o dejado de hacer podía estar afectando a sus hijos, no fue hasta que se sentó allí que pudo entender por dónde podían venir las complicaciones.

—A partir de las dificultades que tienen nuestros hijos, queremos constelar nuestro sistema familiar.

Susana eligió a un representante para ella, a otro para su marido, a tres más para sus hijos y los ubicó en el campo: el matrimonio frente a sus tres hijos parados en el orden en el que nacieron. El representante de su marido se corrió hacia un costado y la representante de Susana empezó a sentirse dividida en dos, medio cuerpo duro y pegado al piso, medio cuerpo sin consistencia que se caía y miraba al suelo.

—Susana, ¿tenés hijos no nacidos? —le preguntó a Sara.

Maternidad

"El corazón de aquel que ha comprendido
que lo presente está en resonancia con lo pasado,
tanto en lo bueno como en lo malo,
late en sintonía con el mundo."
BH

¿Qué sucede cuando se agotan las posibilidades para lograr un anhelo trascendente y profundo del alma, como puede ser la maternidad? En estos años he escuchado a muchas mujeres frustradas por la búsqueda de un embarazo que, a pesar de estar clínicamente sanas, no llegaba. Las dificultades para concebir, así como las del embarazo, están muchas veces relacionadas con lealtades e implicancias que obstaculizan el logro de la maternidad a pesar del deseo consciente.

Las CF muestran que ningún conflicto se resuelve en el tiempo y en el espacio donde está planteado, sino en un contexto mayor. Por lo tanto, hay que buscar el origen de los enredos en el pasado; encontrar esa información desordenada que se arrastra hasta el presente y actualizarla en la historia personal.

Porque, en la mayoría de estos casos, lo que hay detrás de la dificultad para concretar un embarazo es la carga de un destino que no es propio. Mirar, descubrir y devolver esos destinos a quienes les corresponden es otorgarles la grandeza y, como el título de una película, volverse más "Dignos de ser".

Marina: el deseo de ser madre

Después de buscar un embarazo durante más de un año, Marina (40) finalmente logró concebir. Sin embargo, antes de llegar a los tres meses, perdió a su bebé. Después de eso vivió tres años difíciles con su pareja en los que no podía volver a quedar embarazada. Incluso hizo tratamientos de fertilidad, porque a nivel médico no había problemas que lo impidieran. Pero tampoco quedó.

Marina y su madre asistían con frecuencia a los talleres de CF. A veces juntas, y otras se alternaban. Preocupada por la dificultad de quedar embarazada, la mamá decidió constelar su línea de mujeres. Quería saber si había algo que pudiera despejarle el camino a su hija.

—Quiero constelar la línea de mujeres de mi familia.

Sara le pidió que eligiera una representante para ella y otro para su mamá. La representante de la mamá apenas ingresó en el campo, le pidió que agregara a otra representante para la abuela. La mujer comenzó a mirar hacia el piso y enseguida rompió en llanto desconsolado. Entonces dijo:

—Son cuatro.

Cuando Sara agregó a cuatro representantes, la mujer confirmó.

—Son mis hijos.

En medio de lamentos, se quedó junto a ellos por un largo rato: los miraba, los acariciaba y los acunaba; primero a uno, luego a los otros. Sara le pidió que les dijera:

—Lo que no pude sostener en la vida, lo puedo encontrar en la muerte. Y en la muerte los reencontré.

De pronto, giró la cabeza hacia atrás y se quedó mirando a lo lejos. Sara agregó entonces a un representante para que se ubicara en el lugar al que apuntaban los ojos de la abuela. Una vez posicionado allí, empezó a mirar alrededor de sus pies. Cuando Sara le preguntó cómo estaba, la mujer dijo:

—Soy la partera del lugar. Y yo lo hice, muchas veces lo hice.

Sara agregó a cinco representantes en lugar de todos esos bebés no nacidos a los cuales la ancestra hizo referencia. Y le pidió a la abuela que le dijera:

—Hayas sido quien hayas sido, vos también pertenecés. Y te hago un lugar en mi alma junto a tu tan difícil destino.

Y a la ancestra:

—Gracias por tu reconocimiento, me llega, lo siento. A partir de ahora, me ocupo de lo mío y asumo las consecuencias de mis actos.

La mujer se acostó junto a los niños no nacidos que yacían en el suelo y los tomó de las manos. En ese momento, la abuela suspiró hondo e inclinó su cabeza con la intención de la honra. Luego dejó con mucho cuidado a sus cuatro hijos no nacidos, se incorporó y miró a su hija. Sin decirse nada, las dos se dieron un abrazo sostenido.

La madre de la consultante giró hacia quien representaba a su hija, que estaba mirando al suelo justo delante de su mamá. Sara agregó a un representante más en ese lugar e inmediatamente la mamá fue hacia él y lo tomó en sus brazos. Y le dijo:

—Querido hijo, mi tan querido hijo. Quise pero no pude. Lo siento, lo siento tanto.

Cuando levantó la cabeza, Sara agregó a un representante y lo intencionó como el arquetipo materno. Ella dejó a su hijo, suavemente, junto a él. Entonces hizo ingresar a la mamá de Marina en el campo y le pidió que les hiciera una honra a todas esas mujeres: a su madre, a su abuela junto a sus hijos no nacidos, y a esa ancestra con todos los niños que yacían a sus pies.

Recién entonces, Sara intencionó a una representante para Marina, la hija de la consultante. Al verla, se incorporó, se llevó ambas manos al pecho, giró para mirarla y le dijo:

—Querida hija, a partir de ahora asumo mi responsabilidad. Y te bendigo para lo que es y para lo que será.

Marina fue hacia su madre y, en ese encuentro, le dijo:

—Gracias, mamá, por la vida que me diste, por tu amor y por tu bendición. Lo tomo.

Después de la constelación, la mamá de Marina pudo confirmar a través de una tía que una de las ancestras de su familia había sido la partera de su pueblo en la provincia de Córdoba y que, tal como solía hacerse, se creía que también era la que practicaba los abortos. Además, supo que su abuela había tenido cuatro hijos no nacidos y que su madre, por insistencia de sus hermanas, decidió interrumpir un embarazo.

"Aquella constelación me dejó una sensación de paz inmensa, porque supe que había hecho mi parte. Sentí una alegría enorme. Tiempo después comprobé que ese bienestar era anticipatorio: mi nieto llegó unos meses más tarde."

Pasado un tiempo prudencial, Marina decidió hacer su constelación al respecto.

—Quiero constelar mi maternidad.

Sara le pidió que eligiera un representante para ella y otro para su maternidad. Marina miraba fijamente al suelo.

—¿A quién ves?

—Al bebé que perdí.

El campo mostró cómo ella estaba mirando al primer hijo no nacido, a quien había perdido en forma natural. Sara agregó un representante para él y ella lo tomó entre sus brazos y le dijo:

—Querido hijo, me hubiera gustado tanto tenerte conmigo, poderte cuidar, verte crecer… Pero el destino así lo quiso y se impuso. Me consuela saber que, cuando sea el tiempo, nos volveremos a encontrar.

Luego levantó la cabeza y pudo mirar a su maternidad. Se incorporó, fue hacia ella y la tomó en sus brazos. La maternidad le dijo:

—Hace tiempo te estaba esperando. Al fin llegaste.

"Después de la constelación sentí un gran alivio y tranquilidad porque estaba segura de que al poder ver y comprender, no iba a correr el riesgo de volver a perder un hijo. Lo sentí, tuve certeza. A los pocos meses quedé embarazada. Me parecía un milagro… Tanto tiempo que había estado buscando, incluso con tratamientos, y al final fue naturalmente."

Hoy su hijo tiene ya 3 años.

El caso de Marina invita a insistir en que nadie puede mirarse fuera del sistema del cual viene y cómo, aunque no lo sepa, su historia está totalmente entrelazada con las de quienes llegaron antes y con sus respectivos destinos. No es necesario que los haya conocido, porque eso está registrado en la memoria del alma familiar, que tiene el poder de condicionar y determinar a los que llegan después.

Esta historia, como tantas otras, muestra que frente a ciertas dificultades la solución no está, necesaria o solamente, en la vida personal, sino en la información que pasa transgeneracionalmente y que, a través de las implicancias y las lealtades, lleva a repetir las historias una y otra vez con el solo fin de compensar al alma familiar con la inclusión de todos.

Acá también vale la referencia de cuánto pueden hacer los padres para allanarles y abrirles el camino a sus hijos. Porque lo que no se ordena, se pasa; no solo el amor, sino también lo no resuelto. Entonces, el acto de amor más grande que se puede brindar es legar un amor ordenado. Eso es lo que la madre de Marina asumió después de participar de varios talleres y entender que podía haber algo en su historia que estuviera interfiriendo en el anhelo de su hija de ser madre.

En la constelación quedó expuesto que se trataba de excluidos a los que Marina les hacía un lugar haciéndose cargo de un destino que no le correspondía. Por eso, es una muy buena pregunta pensar en quiénes son los que aún faltan. Casi siempre, se trata de aquellos que tuvieron un destino muy difícil o que padecieron alguna injusticia.

En esta línea de mujeres, la maternidad había sido un tema muy asociado a la muerte infantil: desde el comienzo todas las representantes de las ancestras de la mamá de Marina buscaban muertos en el suelo y el campo mostró que se trataba siempre de niños; algo que no es fácil de mirar para la conciencia personal.

Con el despliegue apareció cómo eso atravesaba la línea de mujeres: una ancestra que practicaba abortos, la bisabuela de

Marina que había perdido 4 hijos, y la abuela que también había interrumpido intencionalmente un embarazo.

A través de la identificación se les hace un lugar a todos los excluidos. Pero no es la solución: solo se ordena con el reconocimiento; que es lo que devuelve la dignidad y la pertenencia. Esto se logra, y la identificación desaparece, cuando se mira al excluido —la ancestra, los hijos no nacidos del sistema, el dolor de estas mujeres, sus destinos—, se le hace un lugar en el corazón y se lo reverencia. Como siempre, eso se hace a través del amor. Ahí se recupera el lugar propio, se deja al otro con lo suyo y todos encuentran la paz.

En la introducción comenté acerca de un concepto que las CF tomaron de la Física Cuántica: los "fractales". Esta figura es útil para entender este caso porque se aplica a la repetición de conflictos, obstáculos, problemas que aparecen en diferentes generaciones como patrones recurrentes. Lo maravilloso de este abordaje es que permite ver esos patrones; de manera que, al ser reconocidos, en el lugar de la repetición aparezca la solución: al ver el lugar en el que se estaba enredado, se puede ordenar y, con ese orden alcanzado, soltar los destinos ajenos y recuperar el derecho a lo propio.

¿De dónde se toma la fuerza para la propia maternidad? Indudablemente, con la madre. Esa última imagen de la constelación de Graciela, fue el movimiento de solución para lo que vendría tiempo después en la vida de Marina: su maternidad.

Amor ciego: "Lo hago en tu lugar"

> *"El mismo amor que estando ciego*
> *lleva a la enfermedad,*
> *también puede llevar a la solución*
> *cuando comienza a comprender."*
> BH

Hellinger ha observado un mecanismo muy habitual dentro de los sistemas familiares: por lealtad o por amor, alguien puede ser capaz de sacrificarse, enfermarse y hasta morirse en lugar de otro.

En las CF es frecuente ver los casos de madres que han perdido hijos a edades muy tempranas o personas que atraviesan duelos de seres queridos —un padre, un hermano, una pareja— que los llevan a querer irse detrás de ellos.

Cuando en el plano del alma el hijo sabe que alguno de sus padres está en riesgo, es capaz de ponerse en riesgo para "salvarlos". Por supuesto, se trata de un mecanismo que no es voluntario ni intencional, sino inconsciente. Es un sacrificio que no le sirve a nadie, por eso se lo llama "amor ciego", y que está arraigado muy en lo profundo.

Sucede que, por amor a los padres, los hijos son capaces de dar todo, aún la propia vida De esta manera, transgreden la jerarquía, diciéndoles a los padres: "Yo lo hago en tu lugar", "Me muero en tu lugar", "Lo expío en tu lugar", "Me enfermo en tu lugar". También esta dinámica se ve a veces entre los esposos, cuando uno de ellos se va en el lugar del otro.

Dice Hellinger: "*La violación del orden jerárquico se manifiesta en una familia sobre todo ahí donde un hijo quiere asumir algo por sus padres para salvarlos. Cuando un hijo percibe que uno de sus padres enferma tanto que tiene que morir, o por ejemplo que su madre siente atracción por la muerte (in den Todzieht) o se quiere suicidar, su corazón le dice: mejor yo que tú. Con esta resolución interna se manifiesta un amor profundo. Al mismo tiempo él se pone por encima de sus padres. Este amor conduce inevitablemente al fracaso. El hijo se enfermará, hasta morirá, sin que con esto haya podido rescatar a los otros. Esta confusión se muestra también a la inversa, cuando los padres en secreto le cargan a un hijo algo, con lo que ellos solos tienen que cargar. Por ejemplo las consecuencias de una culpa*".

Catalina: "Por amor a vos, querida mamá"

Pocos días después de que Mario dejó su casa, cuando Gisela estaba sumida en una profunda tristeza, la hija de ambos, de 11 años, empezó a tener fiebre y dolores abdominales muy fuertes. Gisela la llevó al hospital una, dos, tres veces; siempre decían que no le encontraban nada. Hasta que por orden de su pediatra le hicieron una ecografía y le diagnosticaron una peritonitis. De inmediato la internaron, la operaron de urgencia y todo salió bien. Pero una semana después del alta, la fiebre volvió a subirle. Otra vez se repitió la historia: la vieron varios médicos y dijeron que era una gripe. A los dos días, fue la propia nena la que le pidió a su mamá que la llevara al hospital otra vez. Tenía una infección, producto de una mala praxis en la operación, por lo que volvió a ser internada de urgencia. A los 9 días, la infección no se reducía y el estado de la nena era cada vez peor, a pesar de los medicamentos.

“Catalina estaba sumamente triste con la separación y no dejaba de decir que no entendía por qué sus papás se separaban si tanto se querían, y por qué podían separarse papás que se llevaban tan bien como nosotros. Sentí que debía constelar esa situación porque mi hija estaba en riesgo.”

—Quiero saber de qué se trata lo que le pasa a mi hija, que a pesar de haber de estar siendo tratada, después de nueve días sigue con infección y los médicos no entienden por qué.

Gisela eligió un representante para ella, otro para el marido y un tercero para la nena. Enseguida, la nena se tiró en el suelo sin fuerzas, como dejándose caer en posición fetal.

—Gisela, ¿tenés un hijo no nacido?

—Sí.

Sara agregó a un representante para ese hijo no nacido y le pidió que se ubicara en el lugar donde estaba Catalina, en la misma posición. Y ella, sin levantarse, se ubicó al lado de ese hermanito que no había llegado a nacer.

La representante de Gisela miraba la escena desde cerca, conmovida profundamente, mientras que el de Mario observaba desde un poco más lejos. La representante de Gisela trataba de aliviar y levantar a su hija, pero la nena le decía que la dejara, que se sentía ahogada.

Sara le pidió que le dijera las siguientes frases:

—Querida hija, gracias por hacerlo en mi lugar. A partir de ahora yo me ocupo de lo mío y te dejo libre para que tomes solo tu lugar y te hagas cargo solo de lo propio.

A continuación, le pidió que mirara a su hijo no nacido y le dijera:

—Yo no te quise, pero ahora te doy un lugar en mi corazón y te reconozco como lo que sos: mi hijo y yo tu madre, tanto en la vida como en la muerte. —Mientras, le acariciaba suavemente la cabeza.

Luego de escuchar las palabras de su madre para ella y para su hermanito no nacido, Sara le pidió a Catalina que dijera:

—Respeto tu destino y te pido que me bendigas y veas con buenos ojos que yo me quede en la vida, siguiendo mi propio destino.

Catalina quedó serena y se puso lentamente de pie delante de sus padres.

"Al otro día no tuvo más fiebre y 24 horas después le dieron el alta. Cómo agradecer que después de nueve días en los que no encontraban explicación para la infección que no cedía, en un día se le pasó y regresamos a casa."

La historia de Catalina muestra cómo los hijos pueden llegar a poner en riesgo su propia vida para salvar a la madre. En este caso, se trata de salvarla del dolor que genera mirar a un hijo abortado: la constelación mostró con claridad que la nena actuaba la dinámica "Lo hago en tu lugar": frente al temor de que la madre se fuera detrás de ese hijo no nacido, ella fue capaz de poner en riesgo su propia vida con una infección.

Hemos visto antes las consecuencias de la decisión de abortar y cómo el alma de los padres, sobre todo la de la madre, se queda mirando hacia esos hijos no nacidos e, incluso, hasta llegar a elegir la muerte antes que la vida. Dice Hellinger: *"Un aborto es un asunto de a dos y afecta a ambas partes de la pareja, a la mujer y al hombre. Pero en la mujer tiene efectos más profundos, de un alcance mucho mayor: ella pierde algo de alma... Ella deja algo de su cuerpo con el hijo abortado. A través del aborto, la mujer entrega algo de ella misma."*

Esto se pudo ver en el rictus y el cuerpo de su mamá durante la constelación. Son decisiones tan dolorosas que la huella en el alma trasciende a lo físico inevitablemente. Aunque esto se intente minimizar u olvidar —algo a lo que nuestra cultura colabora ya que ni siquiera se los denomina "hijos" y, por lo tanto, no se los recuerda como tales.

Ese "amor ciego" de Catalina hacia su madre la llevó a un cuadro clínico grave e inexplicable para los médicos que, a pesar del tratamiento clínico idóneo, no podían detener la infección.

A través de esta enfermedad, la nena además intentaba salvar de alguna manera a la pareja de sus padres. Porque, tal como dije antes, el "aborto" de una relación es una de las consecuencias más habituales cuando hay un embarazo interrumpido y los padres —en lugar de mirar, reconocer y hacerle un lugar en el corazón a ese hijo— optan por excluirlo del sistema. Eso había ocurrido en el matrimonio de Mario y Gisela: desde aquel hecho, él había dejado el hogar ya tres veces y la pequeña Catalina, por amor a su madre que sufría, llegó a enfermarse.

El camino a la salud

"La sanación comienza en el alma."
BH

Luego de ver cómo muchos casos de enfermedades tienen que ver con el "amor ciego" y la consecuente dinámica de "lo hago en tu lugar", quisiera abordar el tema de la enfermedad de manera más general.

Desde la mirada sistémica es un error ver los síntomas como algo que solo tiene que ver con la historia personal, y es imprescindible entender que están relacionados con la herencia ancestral.

El organismo es un sistema que, a su vez, está conformado por otros sistemas: digestivo, circulatorio, respiratorio etc. Por lo tanto, todo lo que sucede en una parte del cuerpo se relaciona y afecta, inevitablemente, a las demás.

Nadie es solo una úlcera, o un nódulo, o una anemia, o un tumor, o una hipertensión, una diabetes, una gripe, una angina, un cáncer. Así como cada uno de ellos denota una desregularización en el plano físico, también lo es en el plano del alma.

Las enfermedades psíquicas y físicas son resultado de lealtades invisibles como el amor ciego —que hemos visto en un capítulo anterior en relación al caso de Catalina—; pero también de otras implicancias o desórdenes que se heredan y se acumulan a lo largo de la vida. La clave es saber que lo que se materializa en el cuerpo primero ha sido en el alma. Allí es donde empieza la enfermedad; y, por lo tanto, también la sanación. En lo profundo, siempre es una necesidad de recuperar el orden.

Hellinger dice que *"estar implicados no exime de responsabilidad"*. Tener esa conciencia cambia el punto de vista sobre el concepto salud y enfermedad: permite cierta libertad, pero a cambio se pierde la inocencia y exige una acción de parte nuestra. En otras palabras, la comprensión del proceso revela el orden a la conciencia.

LOURDES: CUANDO EL AMOR SE TOMA A TRAVÉS DE LA ENFERMEDAD

Hacía varios meses que su mamá luchaba contra un cáncer de hígado cuando Lourdes (45) se animó a constelar algo que desde siempre la angustiaba: la repetición de una enfermedad en toda su línea materna: su tía había fallecido de lo mismo, su abuela de cáncer de mama y su otra tía de cáncer de mama; el mismo que entonces atravesaba otra tía. El detonante para que se decidiera a hacerlo fue que su hija adolescente, angustiaba frente a la inminente muerte de su abuela, un día le preguntó: "Mamá, ¿de dónde viene este cáncer? ¿Cuándo termina? ¿Yo también me voy a enfermar?"

"Le respondí que esa enfermedad terminaba en la abuela, que ella no iba a tener ese destino. Yo ya había constelado y asistido a varios talleres y sabía que no era una casualidad esta repetición. Así que me decidí a hacer la constelación, sobre todo porque sabía que a mi mamá no le quedaba mucho tiempo de vida y que en el duelo no se puede hacer."

—Quiero saber de dónde viene el cáncer que se repite en toda mi línea materna.

Sara le pidió que eligiera un representante para su mamá. Apenas ingresó en el campo, ella se agarró el vientre con dolor. Entonces, Sara agregó a cuatro representantes más, una por cada generación, y les pidió que se pusieran detrás de la madre de Lourdes. Todas manifestaron iguales dolores en el vientre y miraban al suelo con congoja y tristeza.

—¿De qué origen es tu mamá? —le preguntó Sara a Lourdes.

—Es española. Vino a la Argentina cuando era muy chiquita, después de la guerra.

Sara sumó un representante de un hijo no nacido para cada una de ellas y les pidió que se ubicaran a sus pies, exactamente hacia donde ellas miraban. La reacción fue inmediata: cada una tomó a su hijo no nacido con amor entre sus brazos. La madre de Lourdes continuaba con las manos sobre el vientre. Ante eso, se agregó un representante para un hijo no nacido de la mamá de Lourdes.

—¿Sabés algo acerca de un hermano tuyo no nacido? —preguntó Sara.

—Sí, mi mamá me lo contó.

Sara le pidió a la madre de Lourdes que le dijera a ese hijo no nacido:

—Querido hijo, hace tanto tiempo te estaba buscando... Al fin te encontré.

La mujer se quebró y lo abrazó. De a poco lo soltó con mucho cuidado, se despidió con amor hasta que el destino los volviera a encontrar y se incorporó.

Luego, Sara le pidió a Lourdes que ingresara en el campo y que le dijera a su madre:

—Querida mamá, ahora te veo. Y veo tu grandeza: que a pesar de tanto dolor pasaste la vida como todas nuestras ancestras. Me llegó a mí y yo la pasé a mi hija, que es tu nieta. Lo que nos une es el amor, no el dolor.

Naturalmente, Lourdes le hizo una honra a su madre. La representante de su mamá la miró con dulzura y serenidad.

"Esa expresión me la llevo en el alma."

Podemos concluir que la salud es la inclusión de todos los que forman parte del sistema. Por lo tanto, detrás de una enfermedad o un síntoma, hay por lo menos un excluido que esté "pidiendo" ser reconocido.

Lo importante de esto es que la enfermedad, como los síntomas, siempre trae la posibilidad de que alguien sea mirado, honrado e incluido. Es decir, que "mira" aquello que alguien no quiere mirar o no le está permitido. Si la lealtad es más grande que el deseo de sanar, la persona se enferma o se muere. Y en este sentido la enfermedad es el menor costo que se puede pagar por una exclusión del sistema: previene una desorganización mayor y alerta, incluso protege, de la muerte: es, de hecho, un intento del cuerpo por mantenerse vivo.

Lo que enferma es la exclusión, lo que cura y lo que sana es la inclusión. Por eso, la enfermedad es una puerta de entrada a una comprensión mayor.

Hasta este momento, Lourdes tomaba el amor de su madre a través del síntoma, que es una manera de ligar y reconectar; pero que siempre es un intento fallido. La enfermedad y los síntomas no resuelven la implicancia, es el amor ciego.

Una vez que su madre fue reconocida y ella como hija pudo tomar su amor, ese amor pudo pasarlo a su hija, que recuperó así la fuerza para tomar su propia vida. Porque el amor circula de atrás hacia delante.

El proceso de Lourdes coincidió con la enfermedad de su mamá y ella sentía que necesitaba darle un cierre antes de que partiera. E hizo un trabajo que le permitió vivir su ida de manera consciente, estar despierta y ponerse al servicio de lo que el alma demostró. Solo así se puede soltar sin rencor y asistir con serenidad y asentimiento a lo inevitable.

Como dice Hellinger, las constelaciones se tratan de la vida y de la muerte. Y es eso lo que hay en lo profundo.

Silvia: cuando la enfermedad se retira

A los 45 años Silvia tuvo un cáncer de mama que superó luego de un tratamiento. Sin embargo, a los 53 reapareció una nueva lesión en el mismo lugar —la mama izquierda— y otra vez tuvo que someterse a una cirugía.

"Venía haciendo un trabajo consciente sobre mi enfermedad desde aquella vez, pero al volver a aparecer, quise constelarlo. Necesitaba comprender de qué se trataba esto que volvía y que yo sentía como amenaza."

—Quiero saber qué mensaje tiene la enfermedad para mí.

—¿Cómo está conformada tu familia actual y la de origen? —preguntó Sara.

—Estoy casada y tengo una hija. Respecto de mi familia de origen, mi padre falleció y mi mamá vive, pero desde siempre tuvimos una relación muy difícil, con muchas discusiones y entredichos, que con el tiempo y mi trabajo personal logré mejorar significativamente. Además, sé que tengo tres hermanos no nacidos.

Sara le pidió que eligiera un representante para ella, otro para el cáncer, un tercero para el mensaje y un cuarto para la mama izquierda. Una vez en el campo, su representante se sentía muy agobiada y miraba para abajo. La representante de la mama izquierda comenzó a mirar el suelo como buscando a alguien. Entonces Sara agregó a representantes para los muertos que miraba. En ese momento, la mujer adoptó la posición y la expresión de una madre respecto de esos hijos muertos y se fundió con ellos en un inmenso abrazo lleno de ternura.

"Vi en ella a mi mamá y fue conmovedor mirar esa escena, se veía que era un reencuentro muy anhelado."

Frente a eso, la representante de Silvia se incorporó y Sara le pidió que mirara a su mamá y le dijera:

—Querida mamá, hasta ahora los miré en tu lugar. Ahora asiento a lo que es, los dejo contigo y respeto tu necesidad de estar con ellos. Te agradezco por la vida y ahora la tomo.

Y le hizo una honra a la madre y a los hermanos no nacidos. La madre se incorporó, caminó hacia ella, la miró con mucho amor y se abrazaron. Sara le pidió a la representante de Silvia que les dijera a sus hermanos:

—Los reconozco como mis hermanos no nacidos. Respeto que se hayan ido y yo me quedo un tiempo más. Les pido me bendigan a la hora de tomar mi vida, mientras respeto sus destinos. En mi corazón los tengo, en mi alma los llevo.

Silvia hizo una respiración profunda que evidenció el alivio recuperado. Sara se le acercó al representante del cáncer y le preguntó cómo estaba.

—Me quiero ir. Ahora soy innecesario —dijo. Luego giró, caminó hacia delante y se retiró del campo. Al instante, la madre mostró una sonrisa muy amplia y el representante del mensaje de la enfermedad sonrió feliz.

—Así está ordenado y muy bien.

Luego Silvia se acercó a su representante y, con la madre detrás de ellas, dieron un paso hacia delante, hacia su propia vida, con mucha determinación y fuerza.

"Fue muy impactante ver que el cáncer se retiraba y ver la expresión de alivio y felicidad que tenía mi representante cuando mi mamá se quedaba con sus muertos y ella se liberaba de ese peso. Luego de esto, lo que vino fue mayor discernimiento entre lo que le corresponde a mi madre y a mí, lo que es suyo y lo que es mío. Hoy, mis decisiones apuntan a mi vida y a mi felicidad. Me ocupo de mí en primer término, desde un cuidado más amoroso y respeto lo que mi mamá elige. Eso me da mucha fuerza todos los días: volver y conectarme con la escena de la constelación me ayuda en los momentos que aparecen algunos miedos sobre si volverá o no el cáncer."

Esta forma que puede adoptar el amor ciego —"mejor yo que tú"— se traduce en la enfermedad de Silvia, que apareció como el movimiento del amor que se interrumpe, que no fluye: ella estaba mirando a los muertos de la madre en su lugar. Esta actitud, que es común encontrarla en enfermos con cáncer, no es ni más ni menos que la arrogancia: la pretensión del hijo de rescatar a sus padres de su propio destino, como si fuera posible para un hijo evitarlo. Otra vez la enfermedad traía aparejada la necesidad de honrar a la madre.

En esta constelación fue interesante cómo, cuando aparecieron las fuerzas sanadoras, que en muchos casos tienen consecuencias benéficas sobre la enfermedad, el representante del cáncer se retiró voluntariamente. Siempre lo sanador es el movimiento hacia los padres, estar en sintonía con ellos; y también con lo que no se pudo despedir: la reconciliación con la madre y el reconocimiento de sus hermanos no nacidos.

En el desarrollo de las constelaciones hay que observar si la enfermedad se retira cuando quienes estaban excluidos pasan a estar incluidos.

Cuando Silvia pudo ver el dolor de su madre, recuperó la compasión, el amor y el respeto. De inmediato su mirada hacia ella se suavizó y empezó a recuperar el equilibrio en el cuerpo; que era también el de su alma. Porque aunque no sea el camino ideal, la enfermedad es un camino para expresar el amor. Se trata con frecuencia de una tentativa de sanar a otras personas o unirse a ellas con amor. Por eso, al evidenciar lo que es en lo profundo, las constelaciones permiten alcanzar una comprensión que sana al alma y en algunos casos, al cuerpo.

Así lo dice Hellinger: *"Aquel que está en sintonía, toma la vida y la muerte, la salud y la enfermedad, como equivalentes; cada cual con su trascendencia. Desde esa sintonía, puede llevar tanto una como la otra y cumplirlas y crecer gracias a ellas"*.

Carmen: el cansancio y los dolores

Carmen (41) estaba embarazada de su segundo hijo y tuvo un ataque de pánico. No era la primera vez que le ocurría: ya los había tenidos después del nacimiento de la primera. Pero además sentía un cansancio extremo y fuertes contracturas en el cuello.

"Había participado en tres talleres de Constelaciones Familiares y sentí que muchas cosas resonaron en mi interior, me iba

feliz de haber estado en el taller, como si al fin hubiese encontrado eso que busqué toda la vida, pero sin saber qué era. Entonces me di cuenta de era ahí dónde iba a solucionar aquello que me había llevado horas de terapia, de llanto y de medicación psicotrópica. Todo esto me había cansado y ya quería librarme de ello."

—¿De dónde vienen todo este cansancio y por qué sufro si no tengo ningún problema? —fue su planteo.

Sara le pidió que eligiera un representante para ella y otro para el cansancio. Una vez posicionados en el campo, el representante del cansancio la miraba. Pero ella miraba hacia arriba a lo lejos.

—¿Qué ves en el motivo? —preguntó Sara.

—Me mira como mi mamá —dijo Carmen.

Sara agregó a un representante y le pidió que se subiera a una silla, justo hacia donde miraba la representante de Carmen. Y le pidió que le dijera:

—Querida abuela, tu amor es mi amor. Qué gracia verte en la luz. Me colma de paz y me llena de alegría.

"Cuando ellas se cruzaron las miradas, vi la expresión de amor en los rostros de las dos. Inmediatamente reconocí en esa mujer a mi abuela materna, quien había partido hacía 8 años o más. Fue una bendición verla elevada y en la luz. Eso sentí y fue hermoso."

Carmen tenía los ojos humedecidos, conmovida. Sara le pidió que ingresara en el campo y mirara a su madre junto a su representante —que hasta entonces no había podido mirarla— y a la mamá le hizo decirle:

—Querida hija: tu abuela, que es mi madre, es la grande frente a mí y yo la grande frente a vos. Y en su amor me envuelvo y en el alma la encuentro.

Carmen asentía con la cabeza mientras escuchaba a su madre. Naturalmente, comenzó a inclinar la cabeza haciendo una honra frente a ella.

"Sentí un gran alivio cuando Sara me hizo entrar en el campo a hacerle la reverencia a mi madre a la par de mi alma. Suspiré

profundo y realmente sentí como que me sacaba un peso de encima. Podía volver a respirar y hubo inmediatamente un alivio inmenso a mis dolores físicos. Yo sufría desde siempre dolores de espalda y de cuello. Fue impresionante lo instantáneo de eso. Al día siguiente, me sentí un poco rara, pero estaba feliz. Y a medida que pasaba el tiempo eran menos frecuentes mis dolores de cabeza y mis contracturas musculares."

El cambio en la relación con su mamá fue notorio: el diálogo y la unión iban mucho mejor. También su pareja se fortaleció.

Todo síntoma puede tener que ver con un componente biológico y somático. Además, desde la mirada sistémica, los dolores de espalda, cuello y hombros están directamente vinculados con la actitud de arrogancia: alguien que se cree más grande que sus padres es arrogante. Sostener esa posición es tremendamente cansador, agotador. Ya que es pretender a hacerse cargo de lo que es superador para la persona. Y por eso, en estos casos, se necesita trabajar la honra hacia los mayores, hacia quienes por el Orden de la jerarquía llegaron primero: los padres, los abuelos, los bisabuelos, los ancestros, los pueblos originarios, etc.

Por lo tanto, este síntoma se relaciona con la necesidad de hacer una honra. Cuando uno dice "te honro", esas palabras van acompañadas de una intención de inclinarse en el interior. Aunque la honra es un proceso, estos movimientos suelen ser liberadores, tal como lo cuenta Carmen. Porque esa imagen alcanzada en el plano del alma es el primer paso hacia la solución: quien alcanza esa honra, de pronto queda libre; es libre. Y muchas veces la honra es suficiente para que esos dolores desaparezcan. Hellinger dice: "*el alma no tolera la arrogancia*".

Un movimiento de orden puede traer aparejadas consecuencias interesantes en asuntos que no tienen que ver exactamente con el tema planteado. En este caso, como la pareja es la madre, también ella fue alcanzada por esta reverencia realizada a la madre.

La línea de hermanos

"La familia tiene una memoria.
Lo que de ella sale a la luz
es un regalo para nosotros."
BH

Se ve con mucha frecuencia cuando alguien plantea la dificultad para encontrar lo propio —sea su camino, su espacio, sus metas, una vocación o rumbo—, tiene que ver con que tiene un lugar en la línea de hermanos que no le corresponde. Y la exclusión de los hermanos no nacidos —hermanos abortados, hermanos que se perdieron en forma natural, embriones que se reabsorbieron—, es una causa frecuente de este desorden. Porque a veces para alguno de los padres son experiencias dolorosas y difíciles de enfrentar, o porque directamente son desconocidas ya que hay embarazos que se pierden sin que se tenga noticia de ellos.

Este desconocimiento del lugar que se ocupa en la línea de hermanos altera el Orden de la jerarquía: por ejemplo, se cree que se es el primero cuando se es el segundo hijo o el último cuando se es el anteúltimo. Por esto, es muy importante que cada hijo —vivo o no— sea reconocido en el lugar que tiene según el orden en el que nació y se ubica en la línea de hermanos. Que los padres los reconozcan como sus hijos y que los hermanos se reconozcan en el lugar que les corresponde. Solo así cada uno estará en el propio lugar.

Este desorden tienen una consecuencia recurrente: lleva a que esa persona —que al no saber su lugar ocupa el de un muerto— a no tener la fuerza necesaria para tomar su vida en plenitud ni avanzar en la dirección correcta hacia lo que le corresponde y tomar lo que la vida le trae. Entre otros síntomas, puede aparecer debilidad física y anímica, depresiones, enfermedades, dificultad para encontrar el propio lugar en las relaciones, en el trabajo, en la profesión, enojo con los padres, etc.

Por otro lado, los hermanos vivos suelen convivir con lo que se llama "la culpa del sobreviviente". Se ve en estos casos, que las frases sanadoras que apuntan a encontrar la bendición de parte de esos hermanos que se fueron, genera un alivio muy grande en cuanto al respeto del destino del otro y de la posibilidad de hacer uso del derecho de tomar la vida. Se trata de la primera posición que debemos tomar: quedarnos o irnos. Seguir el propio destino, o elegir irnos detrás de aquel hermano que se fue.

Jimena: en busca de su lugar en el mundo

Cierto día, previo a haberse inscripto en dos de las materias que estaba cursando de su octavo intento de carrera, una amiga le dijo a Jimena (36) que no podía seguir viviendo con esa confusión en lo que quería hacer con su vida.

"Me dijo que tenía que hacer Constelaciones Familiares. Escuché eso como una orden. De ella y mía. Pero, a la vez, aquella tarde odié a mi amiga. Porque ponía en jaque mi camino: esa sensación que creía que llegaba a su fin cada vez que empezaba una nueva carrera. Estudie psicología, medicina, kinesiología, expresión corporal, yoga, lectura corporal… Siempre entre la risa y el dolor, porque no saber qué hacer, no encontrar por dónde ir, me dolía profundamente. Porque no tenía la energía para

encarar mis proyectos. Me sentía débil frente a la posibilidad de pasar por frustraciones, de asumir responsabilidades. Y así iba y venía. En la superficie, en mi vida cotidiana, estaba bien: hacía mis cosas, siempre tuve mis amigos, mis grupos de pertenencia, mis intereses, mi trabajo bien reconocido. Pero algo en mi seguía dolorosamente buscando."

Pasaron varios talleres en los que levantó la mano sin éxito. Hasta que fue convocada.

—Me siento desorientada. No puedo posicionarme en la vida.

"Mi palabra clave era esa: posicionar. No sé dónde estoy parada, hacia dónde ir, qué hacer, estudiar, pensar de determinadas cosas, decidirme frente a las alternativas de las teorías, las ideas, las pertenencias. Lo planteé desde el lugar en mi familia. Por ser la más chica de mis cuatro hermanos, crecí con la sensación de ubicarme siempre en el lugar en el que ellos me dejaban; sin poder trazar mis propios pensamientos, mis propias dudas, mis intereses, mis certezas. Hice tanta terapia para tratar de entender esto... Todo ya estaba dicho y armado en esa familia. No había lugar para pertenecer desde un lugar propio."

Jimena se paró en el medio del campo para elegir a los representantes. Dejó que pase el tiempo necesario hasta estar segura de quiénes debían ser. Entonces vino la primera sorpresa: llamó a una mujer para que la representara a ella y, antes de que se sintiera aludida, el hombre que estaba sentado al lado se paró. Pidió permiso para ver si podía seguir ese impulso que había sentido. Sara le dijo que sí y entonces fue representada por un varón. Luego siguió por su mamá, papá, dos hermanas mujeres y un varón. Mientras los iba llamando, el que era su representante se movía de un lado a otro, se arrodillaba, se paraba, se arrodillaba... Hasta que quedó acostado y en posición fetal. De a poco, primero la madre, después la hermana mayor, el hermano varón y por último el padre, se acercaron y se agacharon para estar cerca suyo. Solo la hermana del medio permaneció parada: miraba con sus brazos cruzados, desde cerca pero a la vez distante.

—¿Podés ver en qué lugar estás? En un lugar que no te corresponde. Estás en el lugar de un hermano no nacido. ¿Sabés algo de esto, Jimena? —le preguntó Sara.

—No, para nada —respondió ella.

—En el lugar de un muerto no hay fuerza. ¿Te reconocés ahí?

—Sí.

A Jimena se le empezaron a caer las lágrimas. Sara le pidió entonces a su representante que se parara y puso a otra persona en su lugar, exactamente en la misma posición fetal, recostado sobre el suelo. Toda la familia siguió en su ubicación alrededor de ese cuerpo, sosteniendo la situación. El representante de Jimena también se acercó y se arrodilló. Decía que no podía estar de pie, que le dolían las piernas, que quería acostarse.

Sara le pidió a la madre que le dijera:

—Querida hija, ahora lo veo: fue demasiado para vos. A partir de ahora, de mis asuntos me hago cargo y responsable yo. Y te reconozco como mi hija y yo como tu madre; y él solo tu hermano, mi hijo no nacido.

Luego le pidió a Jimena que repitiera:

—Querido hermano, te llevo en mis sentimientos. Te pido que me veas con buenos ojos a la hora de encontrar mi lugar en la vida, mientras vos en el tuyo, entre los muertos. Te prometo que a partir de ahora voy a hacer algo muy bueno con mi vida y en tu nombre.

El representante de Jimena repitió cada una de las frases. Luego, de a poco intentó pararse. Decía que empezaba a sentirse más fortalecido, hasta que lo logró. Mientras tanto, su mamá permanecía agachada junto al hermano no nacido; el padre detrás suyo, conteniéndola; y los tres hermanos, parados y abrazados, observando la situación.

Cuando Sara les preguntó a cada uno de los hermanos cómo estaban, la mayor dijo que sentía amor por Jimena; el hermano dijo que estaba bien contenido por sus hermanas; y la del medio —la que había permanecido parada— que quería estar con sus hermanos pero no en el piso. Entonces la madre, se acercó —aún sin levantarse pero sí ya arrodillada— al representante de Jimena y ella la abrazaba. El padre dijo que estaba un poco perdido porque quería contenerlos a todos y no sabía bien cómo.

Sara invitó a Jimena a pasar al campo. Ahí, ella también se arrodilló para abrazar a su madre. Lo mismo hicieron los hermanos y se abrazaron entre todos. He hizo ingresar una persona como representante de "la vida".

"*Ahí pude también mirar a mi padre y abrazarlo. Sentí una emoción muy grande. No sé bien qué era: muchas lágrimas, como un alivio. Y agradecimiento.*"

A continuación, Sara los hizo acomodar en orden: madre padre hermana mayor, siguiente hermana, hermano y Jimena. Todos, enfrentados con "la vida".

—Sos la cuarta hermana nacida de una línea de cinco —le dijo.

"*Qué feliz me hizo escuchar eso. Y cuánta calma me trajo nombrarme de ese modo.*"

La madre manifestó su necesidad de pararse detrás de sus hijos para respaldarlos y empujarlos hacia adelante, en dirección a donde estaba esperando "la vida". El padre fue hacia donde estaba la madre para acompañarla en este movimiento. En ese momento, los cuatro hermanos dieron juntos un paso hacia adelante.

"*Al tomar mi propio lugar, y ver a cada uno tomar el suyo, sentí la fuerza y el amor de mi familia. Nunca antes había experimentado una demostración así, tan literal, de unión.*"

En el caso de Jimena, como en otras tantas historias de vida, la dificultad de encontrar el propio lugar tenía que ver con alguien que falta en la línea de hermanos y a quien ella estaba mirando en lugar de su mamá. Lo demostró cuando adoptó la posición fetal. De ahí esa desorientación en la carrera y la falta de energía para sostener y culminar lo que empezaba. Por eso, la frustración e impotencia que la acompañaban como su verdad, más allá de la voluntad que ponía en avanzar con lo que se proponía. Todo esto, que refiere a lo vital, era lo que ella no podía tomar.

Es poco frecuente que un consultante sea representado por alguien de otro género tal como sucedió en este caso. Pero el impulso de quien lo solicitó era tan fuerte que permití que se evidenciara lo que eso venía a mostrar. Es solo una hipótesis, pero es posible que el hermano no nacido con el que Jimena implicada fuera un varón. Lo único importante es el orden que en el desarrollo de la constelación se alcanzó; el resto es para la curiosidad de la mente.

Se ve en las constelaciones, y en esta fue evidente, la importancia que tiene para los hermanos vivos el hecho de ser vistos con buenos ojos por los no nacidos. Es fundamental para superar "la culpa del sobreviviente", que es lo que le permitió a Jimena tomar su posición. Es una renuncia muy grande que algunos hermanos pueden hacer frente a los otros que se fueron para intentar "compensar" la vida que se les dio.

Una vez que vio que su madre miró al hermanito no nacido y que escuchó que él le daba la bendición, su representante empezó a recuperar fuerza y se puso de pie: su posición ya no era la de un muerto, sino la de alguien que podía estar, sentirse dueño del derecho a tomar su propia vida y avanzar.

Gastón: la imposibilidad de mantenerse en el trabajo

Casi como un círculo inexorable, desde que comenzó su vida adulta Gastón (42) repetía una dinámica laboral: conseguía un trabajo que lo entusiasmaba, arrancaba con toda la energía, llegaba a un pico y luego, por cualquier motivo, empezaba a perderla. Así hasta llegar a una meseta, siempre alrededor de los dos años; tras la cual, o bien renunciaba o lo despedían.

—Quiero saber por qué cada dos años cambio de trabajo.

—¿Tenés hermanos?

—Uno vivo menor y uno no nacido mayor que yo.

—¿Cuánto tiempo mayor?

—Dos años.

—El mismo tiempo que podés mantenerte en un mismo trabajo.

Sara le pidió entonces que eligiera cinco representantes, dos para sus padres, uno para su hermano vivo, otro para el no nacido y el quinto para él.

Al ingresar en el campo, el representante de Gastón se alejó hacia un rincón pero con la mirada siempre hacia el centro. En tanto, la representante de su mamá caminaba de un lado para otro, inquieta y buscando algo; el del padre se quedó parado en el centro junto con el hermano vivo. Solo, a un costado y sin que nadie lo mirara, quedó el hermano no nacido.

Sara le preguntó al representante de Gastón cómo se sentía.

—No puedo dejar de mirar a todos —respondió.

Sara agregó a un representante del "Ángel de la guarda" para que se ubicara al lado del hermano no nacido, que había quedado solo. En tanto, la madre seguía buscando algo.

—Falta más gente —dijo el representante de la madre.

Sara colocó a tres madres de generaciones anteriores con sus respectivos hijos muertos y, al fin, la madre de Gastón se quedó quieta. Entonces, le pidió que les dijera:

—Hayan sido quienes hayan sido, todos ustedes también son parte. También pertenecen.

Las tres mujeres se quedaron tranquilas de inmediato, esbozaron una sonrisa y agradecieron.

En ese momento, la mamá de Gastón pudo darse vuelta y mirar a toda su familia, incluido el hijo no nacido. Luego, todos los demás también empezaron a mirarlo.

Y la madre dijo:

—Me hubiera gustado tanto tenerte conmigo y verte crecer. Pero ahora que te veo, mi alma te recuerda y en mi corazón te reconozco.

Mientras decía esto, lo abrazaba y lo miraba con mucho amor.

Sara agregó al destino de ese hijo, quien mirándola a la madre le dijo:

—Sucede lo que tiene que suceder. Se va quien se tiene que ir y se queda quien se tiene que quedar. Él debía seguir su destino entre los muertos y vos entre los vivos. Cada uno con su propio destino.

Mientras la madre escuchaba al destino, miraba a su hijo no nacido con el Ángel de la guarda y sus respiraciones eran cada vez más abiertas. Al final, exhaló como liberándose.

—Mis palabras son las de tu madre, sus sentimientos también lo son, y en mi corazón tenés el mismo lugar —le dijo el padre al hijo no nacido a pedido de Sara.

Sara le pidió al representante de Gastón, que miraba de lejos esa escena, que le dijera a su hermano no nacido:

—Te reconozco como mi hermano no nacido, el anterior a mí. Y también te hago un lugar, a vos junto a tu destino y a la fuerza espiritual. Vos también pertenecés. Te pido que veas con buenos ojos el hecho que yo me haya quedado en la vida mientras vos seguiste tu camino hacia el reino de los muertos.

Su hermano no nacido lo miró sonriendo, mientras asentía con la cabeza a las palabras de su hermano.

Los padres dejaron a su hijo no nacido con su Ángel de la guarda y su destino, y se incorporaron. Luego, avanzaron hacia donde estaban sus hijos vivos. Al verlos en esa actitud, los abrazaron con mucho amor.

"Una de las imágenes más importantes con las que me he quedado es la del amor que hay en mi familia... A veces la mente a uno lo lleva a pensar otras cosas. Quizá por modelos sociales que uno sigue, a veces piensa que porque a uno no lo abrazan o no le dicen te quiero, no lo quieren. Lo importante es lo que uno siente desde el corazón y que las personas que uno ama lo sientan de la misma manera."

A los 2 días de haber constelado, Gastón cambió de trabajo.

"Con el correr de los meses pude comprender que mis cambios laborales no tenían nada que ver con la falta de fuerza o energía, sino con un desequilibrio en mi ser: hoy puedo ver que las situaciones laborales adversas son momentos de aprendizaje y que las cosas suceden por algo. Que nada en esta vida está librado al azar, que no existen las casualidades

sino las causalidades. Y cada cambio de trabajo ahora lo veo como un crecimiento, como una oportunidad de cambio no como un fracaso en mi vida."

Fue tan esclarecedor cómo Gastón incluía a su hermano no nacido repitiendo cíclicamente cada dos años —la diferencia de edad entre ellos— una crisis laboral y, de alguna manera, el destino padecido por quien había sido excluido del sistema: simplemente algo se debilitaba, la energía de vida se interrumpía; se ponía en riesgo o directamente se perdía de pronto su trabajo; como la vida de ese hermanito que no llegó a nacer.

Ese hermano no nacido de Gastón no tenía su lugar ni el reconocimiento necesario para que haya orden en el alma familiar. Se trata de devolverle a cada uno no solamente su posición de acuerdo al tiempo en que cada uno llegó por el Orden de la jerarquía, sino de devolverle al alma familiar el Orden del número completo, que no es más que la inclusión de todos en el orden en que llegaron.

El orden se restableció para Gastón cuando pudo superar la culpa de su supervivencia y ver a su hermano bajo el resguardo de algo más grande: esa "Fuerza Mayor" que tanto puede ser el destino como una fuerza espiritual. Se trató de un movimiento profundo y sanador.

Valeria: querer salvar al hermano

Valeria (45) tenía algunas dificultades en su pareja, pero estaba en un proceso de trabajo interior a través de las CF que empezaba a darle fuerza. En ese momento, recibió una noticia horrible: su hermano mayor tenía deficiencia renal bilateral.

"Me desesperé. Sentía que tenía que ayudarlo y no sabía cómo. Encima vivía en otra provincia y ni siquiera podía estar cerca."

Con esa inquietud llegó al próximo taller.

—Quiero saber cuál es mi lugar en relación a su enfermedad.

Sara le propuso mirar la relación y ver qué información daba el campo.

Eligió un represente para ella y otro para su hermano. El representante del hermano miró inmediatamente al piso y dijo:

—Hay dos.

Se agregó entonces a dos representantes en los lugares donde el hermano miraba. La constelación mostró que la enfermedad de su hermano estaba relacionada con dos hijas no nacidas.

—¿Sabés algo de esto? —le preguntó Sara.

—No.

En ese momento, su hermano giró hacia ella y le dijo imperativamente:

—Este es un tema mío. Vos tenés que seguir adelante con tu vida.

Frente a esas palabras del representante de su hermano, Sara le pidió a Valeria que le dijera:

—No lo sabía, pero ahora lo sé. Te honro a ti y a tu destino. A partir de ahora, lo respeto y respeto el mío. Dejo en tus manos tu vida tal como te fue dada y tomo la mía tal como me fue dada. Siempre seré tu hermana y tú mi querido hermano.

"Al mes siguiente, mi hermano consteló en San Juan su insuficiencia renal y pudo ver exactamente lo mismo que yo había visto en mi constelación: que había dos hijos no nacidos de los que nada sabía. A partir de ese momento su actividad renal se mantuvo, no decayó más. Desde entonces, de a poco, empecé a poder separarme de mi necesidad de salvarlo. Hoy me siento en paz sobre su enfermedad. El destino quiso que yo naciera mono renal y que él tuviera que salir de esto solo, por su propia fuerza y voluntad."

A pesar de la angustia y de la necesidad de hacer algo por su hermano que sentía, Valeria pudo realmente ver que no dependía de ella que mejorara, que ella debía seguir con su vida y dejar que su hermano se ocupara de su enfermedad.

En una línea de hermanos, cuando alguno nace con una discapacidad o aparece algún accidente o enfermedad en cualquier momento de la vida, los hermanos en lo profundo se sienten culpables por contar con una posibilidad que el otro no tiene. Entonces aparece la necesidad de compensar, como en otras relaciones. ¿De qué manera se compensa? Por ejemplo, rechazando el derecho que se tiene a tomar la vida tal como se presenta y en plenitud; esto es, sin apropiarse del estado de salud que se tiene.

Los hermanos tienden a sentirse mejor sintiéndose peor, porque creen que de esa forma se alcanza la compensación. Pero en realidad la solución se logra cuando se deja de mirar en términos de más o menos capacidades, posibilidades o limitaciones. Frases como "*Tú eres discapacitado y yo sano. Tomo mi salud tal como la he recibido, la respeto como un regalo. Pero permito que vos la compartas. Si tú me necesitas, yo estoy para ti*" permiten otro tipo de compensación, respetuosa del destino de cada uno y, por lo tanto, ordenadora.

La inclusión del perpetrador

"También los perpetradores están enlazados con algo que está por encima de ellos y que los usa."
BH

Es natural y esperable que desde el plano de la conciencia se retire del corazón a quien ha hecho daño o generado dolor: se los hace a un lado, se los ignora, se los excluye. Es un mecanismo para sobrevivir y seguir adelante. Sin embargo, los "perpetradores" también pertenecen al sistema y, como en todas las demás exclusiones, eso no será tolerado por el alma familiar. Aun en el caso de un perpetrador, es necesario que se le haga un lugar y se lo reconozca como parte. Simplemente porque lo es. Sucede que la mente es dual y está permanentemente juzgando: incluye y excluye, rotula como bueno y malo, como víctima y victimario. Esa fragmentación, que lleva a quedarse atrapado en la ilusión de la separatividad, no ocurre en el plano del alma. Porque, en este nivel, todo responde al Uno.

Puede que resulte difícil de comprender esto en un nivel teórico, pero es muy distinto cuando esa unidad se experimenta en una constelación y se vivencia la posibilidad de cambiar la mirada: comprender desde el alma, que es amor, abre un camino hacia la sanación. Porque en el plano del alma pueden suceder hechos y movimientos que en el de la mente resultan difíciles de comprender e imposibles de ver.

Hellinger dice: "*Son comprensiones que nos exigen mucho. Despedirnos de muchas ideas de justicia e injusticia, y de venganza, de querer castigar, y cualquier otra cosa en este sentido (...) Cada uno, tal como es, está integrado a algo más grande a lo que no puede resistirse. Solo ante ese algo mayor todos se encuentran a un mismo nivel. Si con devoción se inclinan ante ese algo más grande y se mantienen en esa devoción, si nosotros también nos ponemos en la fila de todos ellos, entre todos ellos, tal como son, los buenos y los malos, y juntos nos inclinamos, tenemos la fuerza para la reconciliación*".

Natalia: del abuso sexual al encuentro con el amor

Una sensación de gran tristeza acompañó a Natalia desde su adolescencia sin motivo aparente. Si bien tenía una familia unida, con sus padres juntos y llenos de amor hacia ella y sus hermanos, sentía una profunda insatisfacción emocional.

"*El amor siempre estaba y era intenso: éramos un grupo de almas muy preocupadas por los demás, pero sin encontrar la manera de ayudarnos. Había incomunicación y todo se iba complicando... Habíamos perdido la alegría y muchas veces me iba de la casa de mis padres sintiéndome vacía y sola. Me dañé de muchas maneras en los años de la adolescencia y después: anorexias, depresiones, ideas de suicidio, alejamiento, aislamiento, silencio y vínculos totalmente contaminados con mucho dolor.*"

A pesar del sufrimiento y las angustias recurrentes, ella no se quedó a la espera de una solución mágica que modificara su vida: hizo desde atención psicológica tradicional hasta homeopatía, y distintos tipos de terapias alternativas tales como Flores de Bach y otras corporales. Pero, aunque en todas encontraba pequeñas ayudas, la mejora era efímera.

"Solo lograba estados de calma y estabilidad momentáneos. Aportaban lucecitas que podían ayudar para empezar a mejorar. Pero no alcanzaban a iluminar de verdad cuanto era necesario... Siempre volvían la angustia y la tristeza. Este círculo constante se filtraba en todas mis relaciones amorosas, en mis amistades y, sobre todo, en mi propio amor."

Así llegó Natalia a un taller. Y cuando fue llamada a constelar, intencionó el campo con claridad:

—Tengo pánico a sentirme amada y a entregarme a la pareja.

Sara le pidió que eligiera una representante para ella y otra para su pánico y que las ubicara en el campo.

Su representante se quedó quieta y, apenas pasados unos segundos, una congoja inmensa la invadió. En un mismo gesto, se tapó el útero con las manos y manifestó un gran malestar en la boca del estómago.

—¿Tiene sentido esta imagen para vos, Natalia? —le preguntó Sara.

—Sí, con esas molestias en el estómago convivo.

—¿Fuiste víctima de algún tipo de abuso por parte de alguien muy cercano?

—Sí. Por parte de mi tío materno.

"No podía creer cómo aparecía algo que ni yo misma había podido recordar por años."

Sara puso un representante para el perpetrador y la representante de Natalia mostró y confesó su miedo. Estaba rígida y lo miraba asustada cuando empezó a dar pasos hacia atrás —convocada por una fuerza que venía de sus ancestros—. El perpetrador miraba en la misma dirección. Entonces agregó tres representantes más para formar la línea materna y a sus perpetradores: los gestos de abuso y el miedo de las mujeres frente a ellos se repetían en todas. Una de esas parejas mujer-perpetrador empezó a discutir y a pelear con violencia física y verbal. A la madre de Natalia se la veía con mucho dolor y un gran pesar en toda su expresión.

"Fue muy impactante ver cómo todo mi sistema familiar materno estaba atravesado por situaciones de violencia que se habían

repetido generación tras generación: abusos de distinta clase, además de maltratos, frialdad, rigidez, dificultad para expresar, compartir y transmitir amor. Pero a la vez, mientras eso sucedía, iba llegando a mí una calma hasta entonces desconocida. Pude entender de dónde venían mis dificultades para relacionarme sanamente con un hombre y tener una pareja."

De atrás hacia adelante, a través de frases sanadoras que permitieron incluir a los que habían sido sacados del sistema porque causaron daños, generación tras generación se fueron reconciliando víctimas y perpetradores hasta llegar a Natalia. En ese momento, Sara puso un representante para una futura pareja de Natalia, le pidió que la mirara y le preguntó cómo la veía:

—Ya la conozco. Y hace mucho tiempo que la estoy esperando —dijo. *"Esa imagen de solución y reconexión en el amor, que me mostró que había un hombre esperándome en un futuro próximo, fue maravillosa. Y entendí por qué yo antes no podía ver a ningún hombre, aunque estuviera delante de mis ojos."*

Natalia se fue de su constelación con la certeza de que a partir de ese momento, algo en ella y en su vida había cambiado. Siguió trabajando con las imágenes que le había dado el campo y empezó a notar que se sentía mejor: algo se aclaraba. Pero la gran revelación llegó dos meses después.

"Un día recibí un mensaje de texto de mi tío materno, con el que ni yo ni mi familia teníamos trato desde hacía varios años. Decía que quería reunirse conmigo a hablar de lo que había pasado y arreglar las cosas. Fue muy impactante y, aunque creía que solo iba a pedirme una especie de tregua como para recomponer la vida social familiar, acepté."

Para apaciguar los nervios y un cierto temor ante esa situación de encontrarse cara a cara con quien había abusado de ella, le pidió a un amigo que la acompañara y se quedara distante a la espera.

"El temor desapareció apenas lo vi, sentado frente a mí, frágil, muy conmovido y con un pedido de perdón enorme, realmente sincero. Así lo sentí: su alma se abrió delante de mí con honestidad absoluta y él pudo confesarme las razones por las que él creía que se

había comportado así conmigo: no dejaba de remarcar el gran amor que sentía hacia mí y lo muy arrepentido que estaba por lo que había hecho. Fue una conversación muy bella, en la que pude dejar el rencor de lado para comprender que los dos éramos víctimas de un mismo sistema enfermo que nos había causado muchísimo dolor y sufrimiento. Tuve la certeza de que los dos necesitábamos esa reconciliación. Nos abrazamos emocionados, profundamente, y sentí que yo esperaba eso desde hacía mucho tiempo."

Cuando se despidieron, llovía torrencialmente. Natalia llegó a su casa, se acostó y se permitió llorar todo lo tuvo ganas. Un llanto en el que se mezclaba un desahogo de años de angustia, tristeza y bronca. Pero también fue un llanto de festejo por poder cerrar heridas con las que no podía vivir más.

"Unos meses después estábamos compartiendo celebraciones familiares con naturalidad, sin odios y con mucha alegría. A partir de ese acontecimiento, fueron apareciendo un montón más de respuestas sobre la cuestión familiar: toda mi familia fue a las constelaciones; incluso mis hermanos, que al principio se negaban por completo, participaron de varios talleres conmigo."

Un año más tarde, los efectos de la constelación volvieron a sorprenderla: se encontró con un hombre. Tal como lo había mostrado la constelación, ya se conocían —desde hacía diez años—; pero nunca lo había imaginado como una pareja.

"Los dos, sin imaginarlo, nos encontramos alejados totalmente del miedo y entregados a vivir muy intensamente nuestro hermoso amor. Uno que yo nunca había sentido. Hoy, puedo sentir que una etapa muy bella y sana llegó a mi vida después de tanto desearla. Y sigo dando pasos firmes."

En el caso de Natalia, aparece uno de los desafíos y oportunidades más grandes que tienen los hijos: no quedarse atrapados en lo que su mente les lleva a creer que les faltó, y lamentarse el resto de su vida. En cambio, pueden disponerse a mirar, no con los ojos físicos, sino con los ojos del alma y con los del corazón, para poder registrar lo único que siempre explica y justifica todo: el amor; el visible y el que no se ve.

No se trata de resignarse ni de conformarse. Es ir mucho más allá: esto es hacerse responsable de lo que se quiere mirar y tomar. Y los resultados son radicalmente distintos: porque de lo que se vea y de lo que se tome, dependerá el proyecto de vida. Y las constelaciones para este propósito, son reveladoras.

¿Por qué una madre puede negar una situación de abuso a su hija? La respuesta es simple: por lealtad al sistema; en este caso, a las mujeres de su sistema que padecieron el mismo destino.

Una vez más, es una manera de garantizar la Pertenencia, una de las necesidades básicas que tiene el ser humano. La constelación iba mostrando que los abusos que hubo en esa familia respondían a lealtades invisibles: en el plano del alma todo lo que sucede es por amor, sea a una madre, a un padre, a un ancestro, a una ideología, a una religión, a un pueblo, a una tradición, etc.

En este caso, el mecanismo es hacerlo a través de la repetición de un destino que adopta esta forma. Por eso, muchas veces, se ve una línea —de mujeres o de hombres— de distintas generaciones que padecen la misma dificultad o tienen el mismo síntoma. Lo que se juega en esa repetición es una lealtad invisible.

Y la pertenencia queda muy clara porque se trataba de un tío materno. Pero, aunque no exista una relación biológica, el perpetrador debe ser incluido: siempre, sean conocidos o desconocidos, familiares o no, aquellos que causan un daño pasan a quedar enredados con el destino de la familia de las víctimas y, por lo tanto, a ser parte del sistema.

No es casual que muchas veces los asesinos o violadores sean capturados porque vuelven al lugar del delito: incomprensible para la mente, pero algo perfectamente explicable desde el alma. Ya que en este plano no se tolera haber dañado. Esto se ve en muchas constelaciones, cuando aparece ese lugar común en el que se encuentran víctimas y perpetradores: sea porque los dos se sacrifican por amor a alguien o a algún ideal, repiten un destino que no les corresponde, etc.

También es habitual que a lo largo del tiempo la víctima acumule un odio y un resentimiento que termina por hacerla tan o más peligrosa que el victimario. Por eso Hellinger dice *"temo a la peligrosidad de las víctimas"*, porque habitualmente terminan manipulando en nombre de su sufrimiento a quienes tienen a su alrededor y sometiendo a otros a lo mismo que ellas padecieron.

Cuando Natalia pudo ver que lo que le había pasado era un destino vivido transgeneracionalmente y que su madre, por amor a sus ancestros, estaba implicada o enredada con esta situación arrastrada, heredada e irresuelta, pudo ablandar los bordes de su corazón y disolver su violencia interior hacia los hombres. Porque pudo comprender y sentir compasión. Y esto es posible cuando alguien puede ver que no hay nada que los hijos deban perdonarles a sus padres una vez que ya recibieron de ellos el regalo más grande: la Vida. Se trata de asentir a lo que es, dice Hellinger.

Recuerdo que Natalia, a pesar de su debilidad en ese momento, decidió constelar con mucha determinación: porque aunque había sido durante tantos años una sobreviviente, tal como ella cuenta, jamás había dejado de luchar y de buscar alivio y paz en su vida. Nunca había perdido las ganas de sanarse.

Esto es algo que se ve habitualmente: muchas personas llegan a las constelaciones con la fuerza de haber probado de todo y no rendirse. El coraje de abrir un tema frente a un grupo de personas a las que no conoce es un acto de fortaleza digno de admiración.

Y ella tuvo esa valentía. Tanta que la sostuvo con fuerza cuando —ante la evidencia instantánea del gesto de su representante de llevarse las manos al útero— le pregunté si había sido abusada y, sorprendida pero firme, dijo sí. A partir de ahí la constelación se empezó a desplegar y apareció la repetición en la línea materna. Fue impactante ver cómo su rictus iba relajándose y hasta la expresión corporal se le suavizaba de manera notable a medida que avanzaba el trabajo, que finalmente terminó en imágenes sanadoras para el tema que ella había planteado: esa dificultad en el amor y ese miedo a sentirse amada.

El hecho de que el tío la haya llamado 18 años después con un total arrepentimiento sincero verdadero es parte de los efectos del ordenamiento alcanzado. Pero, además, ella llegó a ese encuentro con un nivel de conciencia y de reconexión interna que le permitió estar disponible al encuentro y a la reconciliación con él. Por eso pudo hacerle un lugar en su corazón.

Esto la llevó a darse cuenta de que los hombres podían ser buenos y ahí se abrió al amor: en la segunda parte de la constelación, después de que el representante de su nueva pareja dijo que la conocía y la estaba esperando, Natalia fue hacia él.

Solo cuando dejó de mirar sus lealtades invisibles, su angustia infantil, el abuso, a las mujeres víctimas y buenas y a los hombres perpetradores y malos, entonces Natalia pudo acercarse al hombre que hacía tiempo la estaba esperando pero que ella no miraba; cuando estuvo disponible para hacerlo, lo pudo ver, lo pudo registrar, lo pudo descubrir... Y se pudieron encontrar.

Claudia: "En la adicción llevo tu destino, querida bisabuela"

A los 58 años Claudia había, por primera vez, logrado tener una vida en paz y armonía. Después del sufrimiento de depresiones e intentos de suicidio en la adolescencia, relaciones tóxicas a lo largo de toda su vida, de engaños y abandonos, había formado una pareja sana y, al fin, después de una vida urbana de empresaria marcada por los compromisos, había iniciado una vida en la naturaleza ligada a sus convicciones espirituales y sociales.

"Por todo eso no podía entender por qué en el medio de ese proceso de reconexión con mi esencia, justamente, había vuelto a fumar después de 27 años de haber dejado. Yo era completamente antitabaco y, sin embargo, un día agarré un cigarrillo y volví a fumar. Me odiaba por eso, porque era tan contradictorio e incoherente conmigo. Todo el tiempo estaba intentando dejar porque iba contra mis principios fumar, pero con la misma facilidad con

la que agarraba volvía a dejar. Incluso mi hijo me rompía los cigarrillos y me decía: 'Mamá, vos que pudiste con tantas cosas, ¿cómo no vas a poder con el cigarrillo?'."

Claudia ya había empezado a asistir a un taller de CF para trabajar otros temas relacionados con su madre y sus parejas. Pero no se le había ocurrido que el tema del cigarrillo podía constelarse. Finalmente lo habló con Sara y se animó.

—¿Cómo con tanto trabajo interno no puedo dejar el cigarrillo? He sufrido situaciones a lo largo de mi vida muy terribles y ahora que la vida me sonríe me autodestruyo sola.

Sara le pidió que eligiera un representante para ella, otro para el cigarrillo y otro para el impedimento. La representante de Claudia no miraba ni al cigarrillo ni al impedimento, sino que sus ojos se perdían en un punto lejano. Entonces, agregó a un representante en ese lugar al que ella miraba y le preguntó:

—Claudia, ¿sabés a quién está mirando tu representante?

—A mi bisabuela.

La mujer expresaba una angustia y dolor enormes. Estaba rígida, como con una agresión contenida, que no podía sacar y que la hacía verse impotente. Al verla, Claudia cuenta que su bisabuela había tenido un intento de suicidio y una vida muy desdichada. A esa expresión que la representante mostraba respondía a esa situación de impotencia y dolor contenido en la que ella había quedado. Entonces Sara agregó un representante para el destino de esta ancestra.

En tanto, el cigarrillo y el impedimento representaban un juego de víctima y perpetrador: uno miraba al otro como desafiándolo e imponía su autoridad con gestos corporales y expresivos. Y el otro lo miraba con temor, intimidado por su expresión

—¿De qué origen es tu rama materna? —preguntó Sara a Claudia.

—Criollos.

Sara decidió incorporar las dos generaciones de la línea materna que faltaban entre ella y su bisabuela: la madre y la abuela. La abuela se acostó en el piso, en la posición tal como los muertos aparecen en el campo y su madre se mantuvo de pie.

Sara le pidió que le dijera a la bisabuela:

—Querida bisabuela: gracias a que vos fuiste, yo soy; gracias a que vos estuviste, yo estoy. De tu dolor, mi fuerza. De tu desdicha, mi dicha. Y en mi corazón, te llevo. Y en mi reconocimiento te devuelvo tu dignidad.

Cuando la bisabuela escuchó esas palabras de su bisnieta, la agresión contenida y la impotencia comenzaron a diluirse hasta que se fundieron con su destino.

Claudia le hizo una honra a su bisabuela, a su destino y a las mujeres que estaban en el campo.

Luego Sara agregó un representante para el destino de Claudia y le pidió a ella que acompañara a su representante y siguiera su impulso. Giraron y caminaron juntas hacia su propio destino.

"Esa misma semana dejé el cigarrillo y no volví a tocar uno nunca más. Ni siquiera tuve ganas. Pero además empezó a molestarme más que antes incluso. Llegué a preguntarme cómo podía haber fumado tantos años."

Este caso muestra hasta dónde puede llegar una implicancia y cómo, en el plano del alma, la resonancia con el destino de los ancestros va mucho más allá de lo que desde la lógica se pueda comprender. Claudia no conocía a esa bisabuela pero, sin embargo, venía con una historia muy tremenda con intentos de suicidio.

Desde la lectura sistémica, la dinámica que se encuentra detrás de los intentos de suicidio es un tema de víctima y perpetrador. Se trata de historias en las que hubo asesinatos en generaciones anteriores. Podemos pensar, que si la rama materna viene de un origen criollo, estas historias pudieron perfectamente ocurrir en algún tiempo.

Es interesante ver cómo no solo se puede estar implicado con el destino de alguien que ha sido excluido del sistema, repitiendo linealmente —a través de los intentos de suicidio—, sino cómo la inclusión puede también recrearse en cosas que aparentemente no tendrían nada que ver: en la relación con el cigarrillo. Claudia, a pesar de su resistencia a fumar, no podía dejar de hacerlo. Porque había desde el alma un propósito mayor: incluir a la bisabuela con la trama que se jugó en su destino. Al estar implicada con esa ancestra, había construido una relación con el cigarrillo de autodestrucción, con la particularidad de que era tanto víctima como perpetradora del daño que le causaba el cigarrillo.

Siempre que algún miembro del sistema es olvidado o menospreciado, se desarrollan identificaciones e implicaciones sistémicas que pueden ser el origen de trastornos psíquicos, enfermedades, síntomas, relaciones conflictivas y conductas adictivas, entre otros.

Una vez que sale a la luz la implicancia es posible recuperar el orden necesario y hacer el movimiento que resta en dirección hacia la curación. La inclusión de aquellos que no fueron reconocidos, honrados, nombrados, compensa la falta y sana. De esta manera, el alma deja de mirar al pasado, pasa a estar disponible para poder mirar el futuro con lo que traiga, y libera a las generaciones posteriores de estos enredos.

Por eso, el comportamiento que Claudia mantenía con el cigarrillo no era explicable por su situación actual, ni por la intención frustrada que ella tenía de dejarlo, si no que se remontaba a distintos sucesos y experiencias de destino vividos por su bisabuela, fallecida muchos años antes.

Cuando la bisabuela y su destino tuvieron su reconocimiento, se alcanzó el movimiento de solución. Ya no necesitaba hacerle un lugar a través del cigarrillo y pudo quedar libre para tomar solo lo propio y dejarlo; algo que hasta entonces le había resultado imposible a pesar de la consciencia del daño que se estaba auto infligiendo.

Florencia: el acoso moral

A los 45 años Florencia llevaba toda una vida padeciendo abusos: desde que era una nena y fue víctima de abuso sexual por parte de un hermano mayor. Luego, en la escuela secundaria por una u otra razón había sufrido maltrato —llegaron a culparla de un hecho ocurrido un día que ella había faltado—; más tarde, en su carrera como profesora e investigadora, su trabajo siempre se destacaba pero jamás era tenida en cuenta para los ascensos o los concursos. Luego de una separación muy difícil y que le costó mucho decidir, estableció una relación íntima con alguien de rasgos psicopáticos.

"Era un círculo vicioso: me seducía, me agredía, me reconquistaba, me volvía a denigrar. Y eso me desgastaba, me agotaba. En esas discusiones, él estaba cada vez más fuerte, y yo más débil. La intimidad duró unos pocos meses, pero tiempo después venía todos los días a mi casa a verme. Era celoso e intentaba darme celos con otras mujeres. Al darme cuenta de esto, comencé a alejarme y a tener otras relaciones. Pero él siempre se aparecía, adivinaba dónde estaba y me exigía que hiciera lo que él quería. Me transformé en un objeto de su obsesión. Comenzó a inventar cosas sobre mí, me mezcló en un problema de dinero, y se ponía fuera de control. La relación se tornó peligrosa, con amenazas y agravios públicos. Me sentía presa de la situación y no sabía por dónde salir. Cuando quise poner un límite, eso desató su ira y empezó a extorsionarme."

—Quiero constelar la relación con un hombre que me hace mucho daño y no puedo dejar.

Eligió a un representante para ella y otro para ese hombre. El la miraba fijamente, de una manera posesiva. Ella comenzó a llorar y él la abrazó buscando consolarla. Ella primero lo dejó pero luego lo empujó. Lo volvió a buscar y lo rechazó otra vez. Esa dinámica continuó durante un rato hasta que su representante se arrodilló y, golpeando el suelo con los puños, dio un grito desgarrador. Sara colocó dos representantes para sus padres y los ubicó frente a frente en el campo.

"Si bien mis padres en su vida cotidiana desplegaban un amor hermoso, mi padre siempre estaba obsesionado por mi mamá: quería saber todo el tiempo qué hacía y con quién estaba. Era tremendamente celoso, igual que el hombre con el que yo me había involucrado y del que no me podía separar."

Entonces Sara le preguntó por el origen de la línea de mujeres de su familia:

—¿Eran españolas?

—Sí.

Su madre giró la cabeza y miró a lo lejos. Sara entonces colocó allí a un representante para una ancestra. La mujer empezó a gritar de la misma manera en que unos instantes antes lo había hecho la representante de Florencia.

—Tengo calor, me quemo, me quemo, me quemo. Siento que el fuego me envuelve.

Ante esas expresiones tan claras, Sara puso a un representante como perpetrador. Y cuando se acercó, él le dijo:

—Yo obedecí, solo hice lo que tenía que hacer.

Sara le pidió a Florencia entonces que mirara a su ancestra y le dijera, acongojada:

—Lo siento, no lo sabía. Y me arrepiento. Yo como vos: el fuego te quema por fuera, el dolor me quema por dentro.

Al escuchar esto, con la poca fuerza que le quedaba, la ancestra giró apenas la cabeza y miró al perpetrador; ahora con la mirada más blanda. Y ahí ambos se reconocieron.

"Se trataba de una ancestra que había sido quemada en la hoguera. Fue tan claro como lo mostró el campo. Y fue tan evidente cómo yo estaba recreando eso con esta persona. Yo también me estaba dejando quemar por él y estaba envuelta por él."

Frente a una situación de tanto dolor, Sara llamó a los presentes a representar fuerzas espirituales alrededor de la ancestra.

"Él se burlaba de mi espiritualidad y de mis creencias. Como probablemente le habrá pasado a esa ancestra que fue quemada en la hoguera. Fue tan impactante el momento en que los presentes la rodearon. Sentí esa luz, esa fuerza; me sentí protegida y bendecida."

Finalmente, luego de mirar a los ojos a cada una de las representantes de las fuerzas que la rodeaban, la ancestra cayó lentamente al suelo; muerta, en paz.

Sara le pidió entonces que le hiciera una reverencia y le dijera:

—Mis reverencias ante tu destino, ante los que fueron parte de él, ante lo que fue, ante tu dolor, ante tu grandeza.

Con profunda emoción, Florencia se incorporó y pudo acercarse a ese hombre y abrazarlo. El, de inmediato, la abrazó también. Luego giró, miró a sus padres y les dijo:

—Querida mamá y querido papá: a partir de ahora, respeto el destino de ambos y me retiro. Yo soy solo tu hija, mamá. Yo soy solo tu hija, papá.

Mientras decía eso, inclinó la cabeza hacia abajo y apoyó sus manos juntas sobre el corazón.

"Después abracé a mi madre y a mi padre en un encuentro eterno y amoroso que me llenó de vida. Una vez más miré a ese hombre con quien me había involucrado en una relación tan peligrosa y le pedí amorosamente que se retirara. Y así lo hizo."

Florencia volvió a cruzarse con ese hombre unas pocas veces más. Hubo algunas discusiones, pero cada vez más leves y poco a poco se retiró para siempre.

"Sin esfuerzo, me fui corriendo de todos los lugares donde lo veía. Al mismo tiempo se retiraron otras personas con características semejantes que tenía cerca. Pude calmar mi apetito sexual, que era algo que me unía a él y que me llevaba a buscarlo a pesar de que quería separarme. También empezaron a llegar a mi vida seres más amorosos."

La vida de Florencia cambió, y en una constelación que realizó otra persona, volvió a aparecer la muerte en la hoguera.

"Estaba sentada en la ronda y de golpe mis manos no se quedaban quietas. Le dije a Sara que tenía el impulso de querer agarrar del cuello a la representante de la Iglesia Católica, ya que estaba siendo parte de la información que el campo daba en esa oportunidad y me incluyó sin nombrarme... Fue liberador. Estar en ese lugar fue muy especial porque de alguna manera necesitaba la reconciliación de esos dos lugares, como víctima y perpetrador, en mi corazón."

Una de las cosas por las que siempre hablo de generosidad al referirme a la manera en la que el campo se manifiesta es por esta posibilidad que otorga, como ninguna otra herramienta, de poder acceder a información que ha quedado oculta en la historia familiar. A veces porque se la ha reprimido y otras porque simplemente es tan antigua que el relato se ha perdido. Y se trata de información valiosísima para la vida de los herederos de un sistema.

Florencia jamás hubiera podido acceder y ver con sus propios ojos que una ancestra muy lejana en el tiempo había muerto quemada en la hoguera si no fuera por las CF. No es algo que hay que creer solo porque alguien lo cuente, aunque esto igualmente tiene su valor. Sino que es algo que se revela y se puede observar directamente, como testigos y, al mismo tiempo, como protagonistas de esas memorias que habitan y conviven con cada uno. En muchas oportunidades, en el propio cuerpo hay una resonancia con eso que se ordena y aparece una sensación física de liberación. Tal como lo dicen con mucha frecuencia los consultantes al finalizar la constelación: "Siento que me saqué una mochila de encima", "Ahora respiro mejor", "Algo se abrió acá en mi pecho", "Me siento más liviano", etc.

Este caso muestra además que no importa cuántas generaciones hayan pasado entre aquella en la que hubo un crimen, una pérdida o cualquier exclusión y la de quien lo padece. Porque la vinculación de Florencia con personas de características psicopáticas fue el resultado de lo que había ocurrido muchísimas generaciones antes de la suya.

Por supuesto que hay otras circunstancias, modelos más cercanos que colaboraron con esta modalidad vincular, pero en lo más profundo fue esa implicancia la que estuvo en el origen. Y esto quedó evidenciado cuando ella pudo verse a sí misma sometiéndose a un vínculo con una persona que la condenaba y humillaba por sus creencias espirituales tal como a su ancestra se la había condenado a morir quemada en la hoguera: durante la Inquisición, en España se quemaba a las mujeres con creencias consideradas "herejes", que no eran convenientes o atentaban contra los principios religiosos de la época.

Y otra vez, frente a un hecho tan pero tan terrible y dramático, fue necesario intencionar fuerzas espirituales. Es imposible desde la mente humana encontrar paz de otra manera frente a un horror como ese y solo en otra dimensión puede contenerse semejante dolor. Tal vez en un caso de conciencia espiritual muy elevada se pueda, pero no suele alcanzar un solo ser humano para contenerlo y, por eso, apelar a representantes de "lo Alto", en este caso fuerzas espirituales, es una posibilidad a tomar.

Una dato interesante de lo que sucedió en esa constelación fue que Florencia quedó en una punta de la sala y todos los demás participantes en la otra. Eso reveló que ese hecho era muy antiguo. Y demostró que no importa cuán atrás hubiera sucedido; de todas maneras ese alma necesita reconocimiento para estar en paz.

De la misma manera, apareció su implicancia con una historia de víctima y perpetrador que desconocía pero que incluía en la relación con su hermano, luego con este hombre con rasgos psicopáticos y también en sus trabajos. Una y otra vez, recreaba lo mismo en diferentes ámbitos y con distintas personas: llegaba alguien a su vida que la dañaba y ella se quedaba instalada en ese lugar. En ellos incluía al perpetrador que había sido echo a un lado, y en ella a su ancestra.

Porque siempre la víctima es parte del juego psicopático. No hablo de los casos patológicos, como puede ser un asesino o un violador, sino de la psicopatía de la vida cotidiana: ese perfil que la psicóloga francesa Marie-France Hirigoyen definió como "acosador moral" —el perverso narcisista en términos psicológicos—, que es el que goza haciendo sufrir a otra persona. Es lo que se conoce como goce perverso. Son personas que en la infancia aprendieron —sea de sus padres o de una persona de importancia— que el amor es humillación; y aman recreando esa modalidad con otros, repitiendo lo que padecieron alguna vez y creen que esa asociación es amor. Pero además se trata de individuos muy intuitivos e inteligentes: tienen la habilidad de aparecer socialmente como las víctimas, mientras que en la intimidad son capaces de llevar al límite de la depresión y hasta de la locura a una persona. Tienen una modalidad vincular que responde a una dinámica: comienza con la seducción perversa y, una vez que atraparon a su víctima, sigue la fase de la destrucción perversa. Son relaciones que tienen un componente masoquista alto de parte de la víctima, que permanentemente alimenta ese circuito.

Y todo esto le es importante al psiquismo pero no al alma. El alma trasciende el nivel de la mente, y en este nivel —en el del alma— todo es Uno. Porque como lo hemos ya visto, en este plano no existen ni víctimas ni perpetadores. Dice Hellinger: "*¿Cómo actúa la Gran Alma? La Gran Alma hace que tanto víctimas como perpetadores se encuentren en un mismo nivel*". Y de esto se trata: de unir aquello que estaba separado y hace que todos sean iguales. Y como consecuencia, se instala la paz.

Tercera parte

EVOLUCIÓN, EFECTOS Y ALCANCES DE LAS CF

La evolución de las CF: de las constelaciones tradicionales a los movimientos del espíritu

El desarrollo del trabajo de Hellinger puede dividirse en tres etapas que, a su vez, corresponden con tres formas de constelar que fue "descubriendo" en la profundización de su camino espiritual y de conocimiento: las constelaciones tradicionales, las constelaciones del alma y los movimientos del espíritu.

En sus palabras, *"la evolución de las constelaciones familiares ha ido acompañada de un nuevo entendimiento de nuestra alma y nuestro espíritu. Pero sobre todo de una nueva comprensión de los límites de nuestra conciencia. Por ejemplo, cuando nuestra conciencia pone límites a nuestro amor y a nuestras relaciones"*.

No se trata de que una manera sea superior a las otras, sino que simplemente son opciones alternativas válidas para trabajar mejor diferentes temas o problemáticas. Es tarea del facilitador decidir cuál utilizar en cada caso.

Constelaciones tradicionales: sirven para mostrar cómo los integrantes de una familia, a partir del posicionamiento que se hace de ellos, están relacionados entre sí. La información que emerge a través de los representantes revela lo que hasta ese momento estaba oculto: la expresión verbal de las sensaciones que den es de vital importancia. El facilitador tiene un rol activo al agregar o quitar representantes según avanza la constelación, y una gran responsabilidad en la descripción de las imágenes.

Aquí el facilitador requiere de una mirada entrenada y un conocimiento profundo acerca de los Órdenes del Amor, que le permita integrar a aquellos que pertenecen al sistema para que todos tomen su propio lugar y el amor fluya entre todos los miembros. Con ese mismo fin, va a utilizar las frases sanadoras que permiten reconocer lo que en el alma es, su verdad.

Constelaciones del alma: En un momento dado, Hellinger empezó a observar que los representantes eran "movidos" por una fuerza que no partía ni de la intención ni de la voluntad, sino que se trataba de un impulso originado "en otro lado". Al detectar eso, se dedicó a estudiar qué sucedía si no intervenía y dejaba que los movimientos se jugaran libremente. Eso le permitió, luego de mucho tiempo de análisis, acceder a un lugar del funcionamiento del sistema donde la conciencia no llega: el alma. Esto significó un salto cualitativo en las posibilidades de su trabajo, porque pudo llegar donde está la verdad profunda de una problemática. Estas constelaciones traen a la luz lo que había sido ocultado o excluido, porque van más allá de las fronteras de la conciencia, que es la que le pone límites y categorías excluyentes al amor. En esta modalidad, la expresión a través de las palabras de lo que sienten los representantes también es tenida en cuenta, pero no es protagonista; la atención está centrada en los movimientos que realizan. Aquí el facilitador se mantiene en un lugar neutral, como lector de lo que sucede. Son los movimientos que se van desplegando los que muestran los órdenes que alcanzan y la solución. Se trata de acompañar con respeto esa trama que, a modo de danza, se va manifestando a través de los representantes para devolverle al sistema el orden necesario.

Es muy frecuente que cuando se alcanza la solución, el consultante exprese a través de su cuerpo movimientos liberadores, expresiones de descarga y un mayor bienestar y armonía que previamente no tenía. Porque lo que es en el campo, lo es en el cuerpo del consultante.

Movimientos del espíritu: es el último paso que dio Hellinger en la profundización y perfeccionamiento de las CF al descubrir una clase diferente de movimientos, cuyo origen está en un plano más elevado. No se puede "intencionar", ni ordenar, ni intervenir. Simplemente sucede o no sucede, porque en el plano del Espíritu es donde está la solución: se mueve más allá de lo que las fronteras de la mente pueden creer o intentar entender. Son movimientos nuevos, creados: que no existían antes y que no responden a lo conocido. Y esto es posible porque en ellos hay una llegada al Uno; es decir, a la conciencia de unidad originaria: todo lo que estaba separado se vuelve a unir. En este estadio, la intervención del facilitador no es necesaria más allá de elegir a los representantes: estos se ubican según lo sientan en el campo y no hay preguntas ni frases sanadoras; se trata solo de estar en resonancia. Es la modalidad en la que menos interviene, pero en la que el facilitador necesita más experiencia para sostener el campo, la constelación tal como es y la atención del grupo. Porque muchas veces, al no intencionar necesariamente a los representantes y al no comprender las dinámicas que se presentan, no se entiende lo que se va desplegando y, por lo tanto, los participantes no resuenan con lo que sucede ni comprenden. Es frecuente que cuando esto sucede, el facilitador ofrezca al grupo un ejercicio, realice una dinámica o invite a una meditación; para compensar. Como ya mencioné, estos tres tipos de modalidades se complementan, conviven y se retroalimentan para enriquecer un método que es dinámico. En este sentido, es factible que una constelación empiece como "tradicional" pero que, en determinado momento, pase a ser una del Alma, y termine siendo un Movimiento del Espíritu.

Luego de llegar a ese último nivel, Hellinger lo definió de esta manera: "*Son movimientos que van mucho más allá de lo que podemos observar con las Constelaciones Familiares que hasta ahora conocemos. (...) Van mucho más allá de las fronteras de la conciencia.*

Porque la conciencia pone un límite al amor y excluye a otros. (...) Por esta razón tienen una repercusión tan profunda sin que podamos siempre entender en detalle lo que está pasando en concreto".

Una piedra en el agua: los efectos y el alcance de las CF

Otra vez los invito a pensar en una analogía para entender lo que pasa en las CF y por qué los testimonios de quienes ya han tomado este camino hablan de una transformación constante en sus vidas: ¿observaron lo que pasa al tirar una piedra en un espejo de agua? La piedra se hunde y a su alrededor se produce una ola que se multiplica en círculos concéntricos que son cada vez más grandes.

Hellinger lo dice así: "*Cómo se irá desarrollando este trabajo, no lo sé. A mí me lleva un río y yo no sé hacia dónde se dirige. Tampoco quiero saberlo. No puedo vislumbrar lo que está ocurriendo (...) Se expande como cuando una piedra cae al agua y el agua va trazando círculos*".

Esta imagen expresa muy bien el movimiento que se genera: el orden que se alcanza funciona como epicentro de una transformación que se va a expandir y llegará al resto del sistema —más tarde o más temprano, con mayor o menor fuerza, pero inevitablemente— y a su vez también impactará en otros sistemas. Por ejemplo: si alguien ordena el lugar en su familia, es probable que eso produzca cambios en la relación con sus hermanos y padres, pero también en su sistema laboral, en su sistema social, en su pareja, etc. De hecho, muchas veces hay efectos que no están en apariencia directamente relacionados con lo que se ha ordenado. Esto se explica porque el sistema es mucho más que la suma de sus partes.

La constelación empieza en un taller pero no se sabe cuándo termina: sigue trabajando a través de esa onda expansiva y multiplicadora de sus efectos. El desafío es tomar la información que brindan las CF y permitir que penetre en el cuerpo y en el alma. Porque allí es donde está ese umbral elevado que es origen de todos los obstáculos y de todos los cambios. Solo así sucederá la reconexión imprescindible para liberar el camino y que el Amor vuelva a fluir.

Retomo acá a Sheldrake y a la Física Cuántica para explicar por qué es tan importante ese cambio de mirada que permiten las CF: porque "el ojo del observador modifica la experiencia". Es decir que el verdadero sentido de las cosas no está en ellas sino en quien las observa y quien puede tomar esas imágenes que dan las constelaciones comienza en lo interno a generar cambios que le permitirán salirse de la estructura categorizada de la mente para abrirse a nuevas posibilidades de comprensión que, inevitablemente, le permitirán abordar su vida desde otro punto de vista. Pero no uno cualquiera, sino uno que surge desde lo esencial, desde lo verdadero de sí, que es su alma.

Y eso lo puede cambiar todo: si en nuestra vida cotidiana estuviéramos más atentos a la información que permanentemente las relaciones traen y no atrapados en lo que nuestra mente capta a través de los sentidos ordinarios, estaríamos siempre mucho más cerca de la persona correcta y haciendo lo adecuado en el tiempo y espacio justos.

Lo que hacen las CF es mostrar por dónde estuvo el Amor en cada sistema, aún detrás de los hechos más dolorosos y de las acciones más aparentemente desamoradas. Poder ver que lo que se ha vivido como una carencia o una ausencia en realidad tiene que ver con que el amor había quedado detenido o congelado en algún otro lugar explica por qué las cosas ocurrieron como ocurrieron. Y encontrarse con esa verdad revelada, que es la Verdad, permite a través de la acción correcta alcanzar los Órdenes del Amor.

Cuando esto sucede, la paz llega al corazón: se ablandan sus bordes y, a través de la comprensión, empiezan a diluirse el odio, la violencia y el resentimiento acumulados por la imposibilidad de ver las razones por las que las cosas sucedieron de una manera y no de otra. Ese impedimento se supera cuando aprendemos a ver la realidad, lo que es, no con los ojos físicos sino con los del alma, con los ojos del corazón. Y cuando miramos con esos ojos, se revela por dónde estuvo el amor, más allá de las creencias que nos han acompañado.

Esto no quiere decir que el cambio de mirada sea siempre instantáneo. Reconocer lo esencial es un movimiento que no requiere de un esfuerzo intencionado sino más bien de una actitud dispuesta, abierta y receptiva. Hellinger lo explica así:

"Aquel que tiene una comprensión con referencia a la solución posible o pendiente, no debe actuar de inmediato. (...) Ahí surge una imagen, y ahora esa imagen primero debe penetrar en el alma. Primero uno permite que actúe en el alma, y eso puede llevar mucho tiempo. Después de cierto tiempo repentinamente queda en claro cuál es la acción correcta. Se toma a la imagen en el alma y se le permite que allí actúe y se despliegue hasta encontrar la solución correcta, la solución definitiva. Repentinamente uno percibe muy claramente: llegó el momento de actuar. En ese instante uno actúa, no antes, porque si no quizás uno estaría actuando fuera de sí, sin conexión con la imagen porque todavía no tuvo oportunidad de actuar en el alma."

Si hay algo que uno puede legarles a sus hijos, nietos y toda la descendencia de su sangre que venga por delante es el camino despejado de obstáculos para la felicidad. Porque las CF tienen ese poder: por su enfoque sistémico, al ordenar permiten sanar aquello que corresponde a la esfera personal pero además liberan a las generaciones futuras de cualquier condicionamiento para que les sea más simple y liviano construir su propio camino.

Por todo esto, a mí me gusta pensarlas como obras de arte: se trabaja sobre el mismo lienzo y con los mismos colores y pinceles, pero cada una es única e irrepetible. Y también lo serán sus efectos; tanto para el consultante como para los representantes y los participantes. Nadie se va de una CF como llegó.

Irradiar desde el corazón

Recuerdo como si fuera hoy esa tarde de verano en la que escuché por primera vez hablar de las Constelaciones Familiares: una amiga me comentó como al pasar que había tenido una experiencia en un taller de "eso" que yo nunca antes había oído nombrar. Sin embargo, mientras su relato transcurría, sentí que mi corazón saltaba del pecho y me decía que estaba frente a algo más que una anécdota típica de las charlas entre mujeres.

En ese tiempo, tenía ya un recorrido profesional de veinte años que me daba una experiencia importante y profunda; y una actividad asistencial que siempre me motivó a bucear más, a extender las fronteras de lo conocido y a profundizar en la búsqueda de aquello que desde muy joven sospeché que había: algo más que lo que mi mente podía entender a partir de lo que mis sentidos ordinarios captaban.

Así que apenas me licencié en Psicología en la Universidad de Buenos Aires en 1987, y mientras avanzaba con la formación académica, algo interno fluctuaba entre el agradecimiento por todo lo que se me estaba brindando en esa institución y la certeza de que el desarrollo intelectual que transitaba era solo el inicio de una búsqueda mucho más grande, de la que entonces mi conciencia nada sabía. Pero sí mi alma. Porque, como me gusta decir, ella siempre se anticipa a lo que es: como si se tratara de "recuerdos del futuro", nos hacen saber qué sentimos en lo profundo aunque aún no lo podamos nombrar y nuestra mente ni siquiera lo conozca.

Mientras hacía mi práctica clínica en el Hospital de Clínicas me interesé en las terapias no tradicionales e inicié un recorrido alternativo de posgrado en la Escuela Gestalt y Transpersonal. Impulsada por una necesidad imperiosa de buscarle sentido a cierto vacío interior e ir hacia el encuentro con la Verdad, comencé así un camino de formación permanente que nunca he abandonado: la Escuela Jungiana, Astrología, Meditación, Gimnasia Rítmica Expresiva, una multiplicidad de cursos y talleres sobre diferentes abordajes terapéuticos y filosóficos; y una decena de viajes a la India en busca de nuevos conocimientos que pudieran abrir mi mente y mi corazón a nuevas creencias y prácticas espirituales.

Pero no es la enumeración de lo que hice lo que importa acá. Simplemente lo cuento para explicar que no fue casualidad lo que me ocurrió esa tarde de verano cuando mi amiga dijo "Constelaciones Familiares" y tuve la certeza instantánea de que ahí había algo realmente nuevo. Si bien en todas las escuelas y enfoques siempre había encontrado algo bueno que tomar, nada me había sorprendido o interesado como una concepción integral que pudiera dar una mirada de la existencia y relaciones humanas tan clara, rica y luminosa; tan representativa de esa Verdad a la cual hago referencia.

Todavía no sabía por qué esa sensación de anticiparse a lo que va a venir era posible; pero lo sentí y me bastó. Y mi alma supo, con la claridad de lo verdadero, que estaba frente a un anhelo que me acompañaba desde hacía mucho tiempo.

A mí me pasó. Yo lo viví. Mi vida se transformó. Por eso no solo tomé la oportunidad personal de dar un paso trascendente en mi propia historia, sino que asumí el compromiso de hacerlo llegar a otros; porque siempre necesitamos dar aquello que la vida nos ofrece tan generosamente.

Recién cuando uno ha reconocido que algo es muy bueno para sí mismo está en condiciones de transmitirlo a otros. Porque no se puede brindar lo que uno no ha experimentado y no se puede dar lo que uno no ha tomado; mucho menos se puede contagiar una fe que uno no tiene. Y, sobre todo, jamás resultará creíble lo que no se irradia desde el corazón.

Por todo esto, una vez que conocí las Constelaciones Familiares y confirmé que hay en ellas una oportunidad cierta de mejorarnos la vida, solo pude tomar el camino de querer compartir este saber con otros. Porque creo que nuestra naturaleza es dar y servir. Por esa misma razón, con muchos años de recorrido y preparación, cientos de horas de talleres y constelaciones, hoy he decidido escribir este libro.

Además de celebrar y elegir todos los días esto que siento como una misión en la vida, agradezco haber tenido la suerte de conocer a Bert Hellinger, de participar de sus seminarios y de formarme con una de sus mejores discípulas y la pionera en Argentina y América Latina, Tiiu Bolzmann.

Ahora sí quiero contarles por qué creo que las Constelaciones Familiares se han convertido en la clave de una vida más feliz para millones de personas en todo el mundo: a través de una introducción simple a las bases científico-teóricas y de un recorrido por estas historias conmovedoras —que son apenas una selección de las tantas que he conocido en este camino—, ustedes pudieron ver aquí que se trata de un cambio radical en la manera de mirarnos a nosotros y al mundo. Porque la lectura sistémica, que es la plataforma de este saber, abre una nueva perspectiva para comprendernos a nosotros, a quienes nos rodean y a nuestras relaciones; nos enseñan a mirar más grande y desde una visión elevada, tal como fue compartido a lo largo del desarrollo del libro.

Es por eso que me tomo la libertad de definirlas no como un método sino como una filosofía de vida: una práctica de los verdaderos valores humanos aplicados a las relaciones que, en tanto son universales, subyacen a cualquier diferencia social, económica, cultural, religiosa o etaria. Porque es allí donde reside la Verdad de nuestra esencia: el Amor. Y una vez que podemos ver eso, la realidad se modifica y ya no es posible volver atrás ni mirar como antes.

Honrar, agradecer, asentir, reconciliar, reconectar, re-unir... Son las llaves para una vida plena. Mientras, resuena en nuestro interior "*si hay orden, el amor fluye*". Y el alma celebra los Órdenes.

El orden alcanzado nos da la posibilidad de que en el viaje de la vida el amor fluya con toda su fuerza. Lo contemplamos en las postales que nos regala cada constelación. Son esas imágenes que, a modo de fotos, nos recuerdan la sabiduría del alma que reposa en nuestro interior. Porque, como dice el entrañable principito de Saint-Exupéry, "lo esencial es invisible a los ojos".

Cuando tomamos el amor de nuestros padres, tenemos la posibilidad de elegir ser felices. Porque ser feliz es una elección, es un trabajo consciente, y así lo desean quienes llegaron antes que nosotros. Es nuestro más alto deber espiritual.

Las CF nos recuerdan que todo está adentro de uno, que nada está afuera. Como sostiene el pensamiento hermenéutico: "lo que es arriba, es abajo; lo que es afuera, es adentro".

Al respecto, Hellinger dice: *"Cuando nuestro amor haya crecido lo suficiente para que todos tengan un lugar en nuestro interior, entonces habrá para nosotros solamente un adentro y ningún afuera más".*

Cuando logramos esta visión de reconocer lo que es, la Verdad se revela. Y cuando nos entregamos a ella estamos plenos, porque allí recordamos lo que en esencia somos: Amor.

Podemos pensarlo como un despertar de la conciencia a través de tres preguntas que deben guiar nuestra vida: ¿De dónde venimos? ¿Quiénes somos? ¿Hacia dónde vamos? Y para llegar a la respuesta solo necesitamos recordar lo que ya sabemos, oír esa voz interior que desde siempre estuvo en nosotros y seguirla. Sin mente, sin cuestionamientos, sin objeciones. Solo con el alma.

Testimonios

"Tuve una experiencia sanadora cuando una consultante comenzó a describir su situación familiar. No lo podía creer: parecía que estaba contando mi propia historia. Ella padecía hipotiroidismo y hepatitis crónica autoinmune, exactamente igual que yo. Fue tan movilizante cuando me eligió como su representante: el campo iba mostrando las implicancias y yo solo pude taparme la cara y llorar sin control; el hígado me empezó a doler de tal manera que me hacía doblar. Luego de las frases sanadoras, sentí un gran alivio; un mes después me hice los chequeos médicos: el hipotiroidismo había desaparecido y en pocos meses tuve una mejora en el hígado que me llevó a reducir la medicación a dosis mínimas y espaciadas. Recuperé la energía y hoy tengo una vida sin limitaciones. Es más, los estudios indican que estoy cerca de recibir el alta."

Elba, 51 años

"Después de 14 meses de participar en los talleres, llegó mi tercera constelación. Ese día me temblaba el cuerpo y me dolía el pecho desde que llegué. Planteé la relación con mi madre y apareció que yo no podía tomar su amor porque algo me lo impedía. Era una lucha interior: yo, entre sollozos, decía que no quería ser así,

tan rígido y duro. La consteladora entonces me dijo que mi alma era puro amor y que yo era eso... Cuando levanté la viste, exploté en un llanto liberador que jamás había experimentado: se fueron los dolores y mi ser se llenó de paz y de felicidad. ¡Qué hermosa vivencia! Desde el día siguiente hasta hoy siento un gozo constante que nace desde dentro y me hace vibrar. En esos días pude entender que mi enojo tenía que ver con que estaba atrapado por mi ego, que me llenaba de rigidez y no me dejaba ver el amor de mi alma. Eso que yo hoy sé que soy."

Eduardo, 65 años

"La explicación de la consteladora fue muy clara y concisa. Pero una cosa es la teoría y, otra muy distinta, la práctica. Nuestra mente, obviamente, tomaba sus precauciones sobre lo que escuchábamos: todo parecía muy bueno y simple, pero había que ver qué pasaba, qué nos pasaba. Nos preguntábamos todavía si no iba ser más de lo mismo, mucho ruido y pocas nueces. Hasta que llegó la configuración... Si no fuera por la honradez de quien nos había invitado, podríamos haber pensado que estaba todo preparado. Pese a todas las precauciones que marcaba la mente, había algo que decía que valía la pena, como una certeza interna que aún no alcanzaba a creer."

Norberto, 61 años

"La vida es como un espejo: como es adentro es afuera. Frases como esta hoy son mi esencia, mi ser. Tomar las riendas de mi vida y de lo que podría pasarme de aquí en más fue sumamente doloroso; pero liberador a la vez. Me enfrenté con el desafío más grande: yo misma. Me volví más silenciosa para afuera y más conectada para adentro."

Inés, 45 años

"El día en el que fui al primer taller estaba en la peor crisis de mi vida, con problemas de trabajo, con mi padre, con mi marido... No podía siquiera concentrarme en la explicación, escuchaba con

esa inquietud en el cuerpo, en mi mente y, como más tarde me di cuenta, también en mi alma. Empezó la primera constelación: una mujer planteó como tema la relación con su padre y me eligió como representante a mí. Aún temblorosa, dije que sí. Justo a mí: si había un tema en mi vida, era mi padre. Fue la primera sensación de que pasa algo más allá de nuestra mente. Todo el desarrollo de la constelación fue muy movilizante y, cuando terminó, supe que se había abierto para mí un camino que ya no tendría vuelta atrás: pasó a ser los ojos de mi alma, mi búsqueda más importante, mi mirada frente a la vida, mi forma de vivir y relacionarme, la batalla frente a mi ego; y el mayor aquietamiento de mi mente, que tanta veces me aleja de la esencia de mi ser."

Tamara, 45 años

"Odié a mi amiga hasta que fui a poner el cuerpo... Ella me contaba su experiencia porque me quería transmitir lo que pasaba en un taller y si bien su relato me dejaba encantada, nunca podía imaginar lo que verdaderamente allí ocurre. La primera vez que fui, pensé: esto es mágico. Después, con la continuidad de los talleres, pude empezar a ver y a vibrar con lo que pasaba; y cambié la palabra magia por milagro: lo ocurres es, desde un sentido real, milagroso. Porque poder ver una misma situación desde otro punto de vista, ese cambio de percepción, produce un milagro. Lo que se ve cambia la dimensión de lo que se creía; aunque resulte doloroso a veces, es simplemente la verdad. Y es la solución."

Josefina, 36 años

"Antes de hacer mi propia constelación, fui a varios talleres. Desde el primero, empecé a ver, a resonar, a llorar, a limpiar, a mirar, a entender, a preguntar, a responder, a trabajar; casi sin saberlo, sin intención, sin entender. En cada taller estaba cada vez más maravillada, más enamorada, más fascinada. No tenía claro qué era lo que estaba buscando allí, pero sentía que ese espacio era un lugar de profundo conocimiento. Antes de eso, había hecho tantas terapias como carreras empecé a estudiar:

psicoanálisis, counseling, focusing, hakomi, lectura de aura, con piedras, reiki, etc., etc., etc. Ninguna caló tan hondo como las constelaciones."

Eugenia, 36 años

"Como participante, solo por hecho de asistir, vibré con algunas constelaciones. Despertaban en mí emociones muy profundas y claras. Otras no. Como representante la primera vez que fui me convocaron para representar a la gran madre, a Gaia. Fue increíble para mí. Hacía una semana había asistido a un taller con una meditación guiada larga en la que había muchas diosas, pero había sido Gaia la que me decía cuál era mi misión en la vida: liberar dolor. Cuando me llamaron para representar eso, no salía de mi asombro... Cómo todo de alguna manera va llegando y se va ordenando para poder escuchar los mensajes que desde algún lugar llegan. Apenas me paré y entré en el campo me sentí tranquila, como que todo estaba bien. Me acerqué a la persona que tenía que acompañar y con solo poner mis manos en su espalda ella pudo soltar su emoción. Fue impactante."

Karina, 36 años

"Yo seguía levantando mi manito pero no me llamaban para constelar. Mientras, seguía participando y representando. En una oportunidad me tocó representar a quien consultaba. Era una chica que planteaba una falta de decisión a último momento en relación a su casamiento... No me olvido más de lo sucedido: sentí la necesidad de ir hacia el piso y alejarme, una fuerza que desde el pecho me llevaba a alejarme del que hacía de su marido. Se fue desarrollando la constelación, cada uno se ubicó en su lugar, se reconciliaron, se miraron, se tomaron, se abrazaron. Más allá de los detalles de esa constelación, lo que siento es que siempre traen calma, más allá de si el final es 'feliz' desde los cánones que manejamos. Porque traen verdad."

Cecilia, 32 años

"Me ha tocado trabajar infinidad de veces en las constelaciones como representante. De todo ello he aprendido mucho, fundamentalmente a no juzgar, a sentir el amor incondicional y a ser cada día un mejor ser humano; aceptando que este camino no es lineal, que cada capa debe sacarse despacito y siempre con amor, respetando los secretos familiares pero incluyendo a cada uno de sus integrantes, enviándolos a la luz de la verdad."

Fernanda, 45 años

"Mi familia comenzó a sentirse mejor cuando cada uno empezó a ocupar el lugar que le correspondía en el sistema. Y eso no pasó antes de que los perpetradores se reconciliaron con las víctimas y se reconocieron iguales en el plano del alma; no pasó antes de que los hijos no nacidos fueron mirados y reconocidos como parte del sistema; no pasó antes de que las mujeres de mi linaje materno pudieron decir en voz alta que los hombres son buenos y reconocieron su propia locura; no pasó antes de que las amantes pudieron manifestar su enojo y de que los hijos pudieron honrar a sus padres con lo bueno y con lo malo. Cuando eso pasó, los cambios fueron evidentes y transformadores."

Agustina, 30 años

"Las constelaciones me dieron mucho. Una de mis alegrías más grandes es mi relación con mi hermana: ambas sabemos ahora que entre nosotras hay un hermanito que no nació, pero ese hecho ya no nos separa porque está incluido en el sistema. Empezamos a tener un linda relación y eso nos reconforta mucho a las dos. También gracias a las constelaciones pude tomar el amor de mi padre y de mi madre, tomarlos a ellos con todo lo que son y comprender en lo profundo que todo lo que son es todo lo que estaba detrás de ellos: las historias de sus padres, de sus abuelos y demás ancestros que fueron llegando a mí como memoria-bagaje para ser sanada de manera tal que las generaciones venideras estén más libres para vivir sus propias vidas."

Ana, 30 años

"El trabajo interno que hice fue muy profundo... Hubo una constelación que me transformó: recuerdo estar en posición de honra ante mis ancestras y llorar de agradecimiento a esas mujeres por pasar por todo lo que les había tocado para llegar a estar yo en la vida. Estuve casi tres días en la cama después de eso. Era como si me hubiese pasado una topadora por encima: me dolían todos los huesos. Pero me recuperé con una fuerza mayor; había tomado la vida. Volvió mi sonrisa y la alegría de vivir. Ahora todo va con más sentido, ya no hay preocupación, no hay dolor, no hay tristeza. Solo siento una inmensa gratitud hacia la vida y hacia mis orígenes. Tengo en el pecho una paz y un amor inmensos, indescriptibles. Hoy puedo decir que, a pesar de todo, soy feliz."

Clara, 60 años

"Sanar hacia atrás modificó mi presente y el de mi familia. Esa es la magia y el regalo que las constelaciones me han hecho. El perdón, la compasión y el agradecimiento afloraron a través de esta técnica, porque lo que verdaderamente sana es el amor. No hay ser humano capaz de sanar al otro, sino que cuando ese amor se irradia el otro encuentra su propia capacidad de auto sanación."

Julia, 30

"La experiencia me resultó muy reveladora y desde entonces nada volvió a ser igual. Mi interior fue revolucionado. Comencé un gran trabajo de búsqueda personal y a rumiar muy profundo. Participé de muchos talleres y cada experiencia me ayudó a tener mayor conciencia. La relación con mi hermana, que también participó de los talleres, fue cambiando y mejorando mucho, y hoy tenemos una relación hermosa. Comprendimos a nuestra madre y tomamos nuestro rol de hijas. Hay sanación en el alma. Es tan maravilloso cómo cuando uno está preparado las cosas aparecen todas juntas: pude tomar el trabajo que quería, la pareja, la casa... Todas cosas que durante años estuvieron demoradas, bloqueadas. En paralelo mi familia también sanó. Vivo en plenitud, en estado de felicidad, alegría, armonía y total agradecimiento."

Nélida, 60 años

"Las CF son una herramienta para mi vida, para mi futuro, para poder vivir mi propio camino ordenado y en paz. Me enseñaron lo maravilloso del amor y lo importante que es la inclusión de todos los miembros de mi sistema para que haya orden. Me llevaron a la comprensión de cómo uno a veces por estar implicado con un ancestro toma decisiones y vive experiencias que no le corresponden. Trabajando sobre esto es cuando llega el sentimiento de libertad, de lo propio, sin la carga de un peso que no tiene utilidad. Es un desafío difícil, un trabajo arduo; pero que vale la pena. Para mí fue como una luz en aquello que estaba oscuro y pude así sanar una parte mía. Sé que el camino es largo y que me quedan muchas cosas más por aprender, pero también sé que cuento con esta herramienta que facilita el andar."

Camila, 21 años